U0123431

貴貴琳瑯——

游牧人

院藏清代蒙回藏文物特展

Splendid Accessories of Nomadic Peoples:
Mongolian, Muslim, and Tibetan Artifacts of the
Qing Dynasty from the Museum Collection

序

　　草原及游牧式的生活，對生長在台灣，以農漁業為主要生計型態的大眾來說，是遙遠、陌生又富有魅力。從久遠的斯基泰文化窖藏大量出土的金飾，到成吉思汗馳騁草原所開創的偉大帝國，無不帶給現代人無邊的浪漫想像。本院過去的展覽中已展現對於草原世界的興趣。如民國 90 年舉辦之「大汗的世紀－蒙元時代的多元文化與藝術」、99 年的「黃金旺族」以及 105 年的「公主的雅集：蒙元皇室與書畫鑑藏文化」，皆以探索多元民族及多元文化交織下的成就為主題。

　　在清帝國剛柔並濟的政策下，許多草原游牧民族的文物因此進入宮中，成為清宮工藝美術的靈感來源。本院清宮舊藏中，即有大量蒙回藏文物。此次特以生活為主題，並輔以老照片，呈現真實且豐富的草原文化及生活面向。

　　展覽共分成四大單元。從「尊貴的飲食器用」瞭解游牧文化如何與自然共存；藉由「藏傳佛教的浸潤」認識信仰與生活的結合；透過「珊瑚與松石的對話」看到游牧民族色彩絢麗的獨特美感；以及從「超越國界的珍寶」欣賞多元文化工藝技術的交會。

　　此次展覽得到蒙藏委員會的支持，在此致以感謝。希望透過「貴貴琳瑯游牧人－院藏清代蒙回藏文物特展」，觀者可以領略游牧人在草原上獨特的生活方式、宗教思想以及與自然共存的和諧美感。

林正儀

國立故宮博物院院長
中華民國一〇六年三月二十日

Preface

Steppe and nomadic life for people on Taiwan, whose traditional livelihood is based on agriculture and fishing, appears remote and unfamiliar but at the same time also has an alluring charm. Romantic ideas and imagination abounds in the minds of people today with regard to the steppes and highlands, as testified for instance by the large quantities of gold objects excavated from ancient Scythian tomb mounds and hoards as well as the vast empire founded by Genghis Khan of the Mongols. The National Palace Museum in previous exhibitions has likewise shown interest in steppe culture. For example, in 2001, we organized "Age of the Great Khan: Pluralism in Chinese Art and Culture Under the Mongols," hosted "Gold and Glory: The Wonders of Khitan from the Inner Mongolia Museum Collection" in 2010, and curated "Elegant Gathering of the Princess: The Culture of Appreciating and Collecting Art at the Mongol Yuan Court" in 2016. All three exhibits explored themes related to the interaction of ethnic peoples and steppe cultures in China.

The Qing dynasty empire in China adopted a policy of firmness and flexibility in dealing with nearby areas. The result was that many nomadic peoples frequently submitted local products to Beijing, becoming a source of inspiration for arts and crafts at the Qing court. The former collection of the Qing dynasty, which forms the core of the National Palace Museum today, includes a large number of Mongolian, Muslim, and Tibetan artifacts. This exhibition focuses on those mainly involving daily life and is complemented by old photographs, bringing to life the rich and fascinating facets of steppe culture.

The exhibit is divided into four sections. From "Esteemed Vessels of Food and Drink," we learn how peoples in nomadic cultures co-existed with nature. "Immersed in Tibetan Buddhism" shows how this religion became a part of life for many of these peoples. "Conversing in Coral and Turquoise" reveals the unique and colorful aesthetic of nomadic culture. Finally, "Treasures Transcending Borders" allows us to appreciate the confluence of diverse art forms and cultures.

This exhibition has received support from the Mongolian and Tibetan Affairs Commission of the ROC's Executive Yuan, for which I would like to express our gratitude. Hopefully, with "Splendid Accessories of Nomadic Peoples: Mongolian, Muslim, and Tibetan Artifacts of the Qing Dynasty from the Museum Collection," visitors will be able to glimpse the unique ways of living among nomadic peoples, their religious beliefs, and the aesthetic of harmonious co-existence with nature.

Jung-yi L

Director, National Palace Museum
March 20, 2017

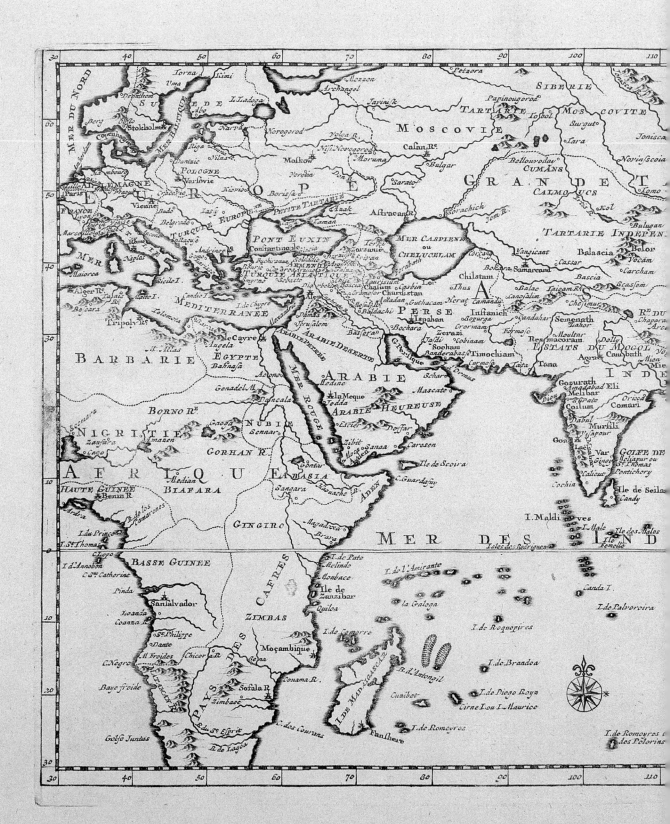

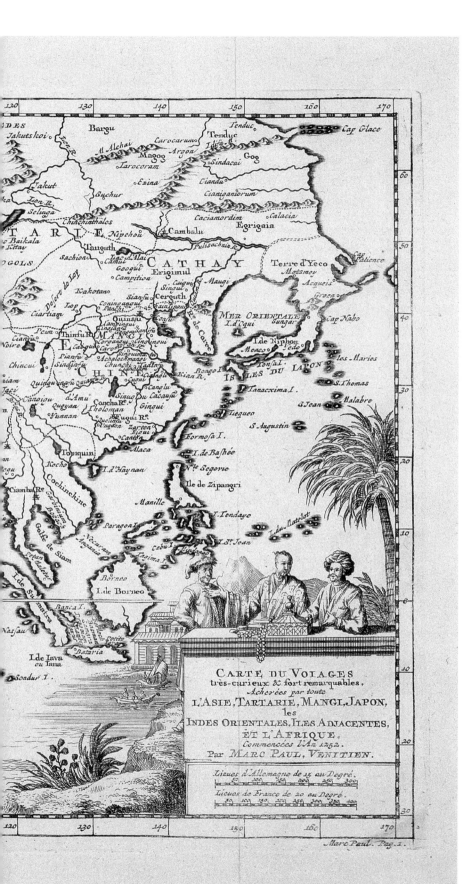

插圖 1

馬可波羅父子亞洲旅程圖
亞曼紐・波文繪於1729年`
30×20公分
贈圖20

Carte Du Voiages
Engraved by Bowen Emanuel
(1693/1694-1790) in 1729

30×20cm

本圖是《新奇旅遊紀行彙編・韃靼波斯等地》（萊
頓・1729年印刷）（Recueil de divers voyages
cruieux, Leide: Van der Aa, 1729）一書中的插
圖。地圖右下方標記此圖是根據威尼斯商人馬可波
羅（Marco Polo, 1254-1324）遊記，1252年旅
行亞洲的行程所繪製的路線圖。

目次
Contents

圖版目次
List of Plates

參 -2 蒙古族的辮飾
Hair Adornments of the Mongols

肆、超越國界的珍寶
Treasures Transcending Borders

貴貴琳瑯 游牧人

院藏清代蒙回藏 文物特展

Splendid Accessories of Nomadic Peoples: Mongolian, Muslim, and Tibetan Artifacts of the Qing Dynasty from the Museum Collection

總說明

　　蒙古、回部與西藏位在亞洲內陸，多為高原和盆地的地形，緯度高、地勢高，氣候寒冷，雨量不穩定，除了河谷、綠洲之外，以游牧經濟為主，其住民多元，蒙古族、維吾爾族及藏族佔多數，在地理、宗教與歷史上，均與以農業經濟為生的漢人有很大的差異，形成特有的游牧文化與藝術。

　　17 世紀起於中國東北的滿族逐步向西及向南擴張，建立大清王朝。作為王朝的統治者，滿人從未改變成為北方草原民族共同盟主的企圖，並積極掌控西南方青藏高原的藏族。除了軍隊戍守和行政治理之外，清王朝並透過婚姻、宗教和年班等手法，深入統治，維繫人心，鞏固政權。

　　本展覽以清朝宮廷與蒙古、回部、西藏諸藩部之間往來互動的相關文物為中心，分為四單元：尊貴的飲食器用、藏傳佛教的浸潤、珊瑚與松石的對話以及超越國界的珍寶，從人類學與物質文化的角度出發，一方面闡釋蒙回藏游牧文化的特質，同時解析文物本身的藝術特色及其所傳達的文化內涵。

Introduction

The Mongolian, Tibetan, and western Muslim territories of China are located in the central part of the Eurasian continent and geographically consist mostly of plateaus and basins. With its northern latitude and high terrain, the cold climate of the area yields unpredictable rainfall. Except for settlements along river valleys and oases, a nomadic economy has traditionally governed the way of life there. The inhabitants of this region are ethnically diverse as well, being mostly comprised of Mongolian, Uyghur, and Tibetan peoples. In terms of geography, religion, and history, their lifestyle therefore differs greatly from that of the Han Chinese with their agriculture-based economy, highlighting the unique art and culture of these nomadic groups.

Starting from the seventeenth century, the Manchu people in China's northeast expanded their territorial control west and south to establish the "Great Qing Empire." As dynastic rulers, the Manchu never gave up their ambition of playing a dominating role among tribes on the northern steppes, at the same time actively maintaining control of Tibetan peoples in the Kham-Tibetan plateau of the southwest. In addition to military conquest and political rule, the Qing dynasty also used marital alliances, religious beliefs, and tributary relations to extend and maintain its governance, hold various peoples together, and consolidate its authority.

This special exhibition focuses on artifacts related to imperial authority of the Qing dynasty and its interaction with Mongolian, Muslim, and Tibetan peoples. From the perspectives of material culture and anthropology, it explains the features of these groups and, at the same time, the unique characteristics and cultural contents of their art forms.

壹、尊貴的飲食器用

Esteemed Vessels of Food and Drink

　　游牧人因應自然環境條件下的抉擇，同時將自然資源發揮到極致，形成特有的游牧文化。他們依循前人的經驗，隨著季節變化，驅趕著馬、牛、羊等動物，規律的移動。動物是他們衣、食、交通所賴，植物的每一個部份都被善加利用，製成各式用品。居住的是易於拆搭的帳篷，隨身攜帶著飲食器用，無一長物。當其以木碗、刀叉等基本生活用品作為贈禮時，不僅反映其樸質簡實的價值觀；同時木碗等做工的講究，適足以說明其工藝技術的純熟。

　　Nomadism is a lifestyle of certain peoples often chosen in response to the natural conditions of the place where they live and usually involving the optimal use of limited resources. Following the customs and experiences they inherited, nomads move with their animals in keeping with the seasons. Livestock, such as horses, cattle, and sheep, is all-important to them, providing clothing, food, and transportation. Every part of the plants they encounter along the way is also utilized to make many of the things needed in life. These people often live in tent-like structures easy to erect and take apart, as vessels for food and drink are taken with them and not much else. Such basic necessities of life as wooden bowls and utensils, when given as presents, reflect their simple and practical values. The workmanship involved in such objects, however, is elegantly refined, amply demonstrating the maturity of arts and crafts among these nomads.

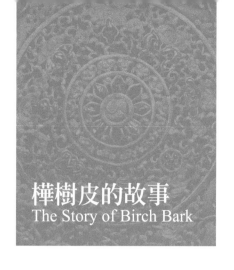

樺樹皮的故事
The Story of Birch Bark

　　樺皮是指樺樹皮，樺樹是北半球溫帶氣候常見的樹種。生活在北亞一帶的遊牧民族非常擅長利用週遭盛產的樺樹皮，可用來覆蓋夏天房舍的屋頂、造船或製成各種生活用具，形成特有的樺皮文化。清代康熙皇帝夏天駐蹕興安，曾作詩文描寫「樺屋參罾白」的景象，乾隆皇帝為文細談滿人發祥地的十二項風俗時，樺皮房亦名列其間。

　　樺皮被使用的歷史悠久，呼倫貝爾市紮賚諾的東漢鮮卑墓曾出土樺皮盒，南宋洪皓出使金朝，以樺樹皮代替紙，撰寫四書，傳授弟子。更巧妙的工藝，則是像元代后妃的罟罟冠，（插圖2）將乾燥壓平像紙般的樺皮貼上織品，（插圖3）或是像展出的樺皮鳳，在成型的鳳鳥外，貼以樺皮飾以金箔，精緻華麗。

　　滿族為半游牧民族，東北森林資源豐富，即使南下入主中原，仍然謹守原有文化與生活，樺皮就是一個例子，常作為弓箭表面的貼面。清宮重視騎射，樺皮為重要軍需品，清初內務府在吉林設樺皮廠鎮，吉林

將軍每兩年一貢，北京德勝門西大的樺皮巷（又稱樺皮廠胡同），就是貯藏樺皮的所在。以鳳鳥為后妃冠飾是明代以來的作法，金纍絲鳳是將兩股金絲絞絲，編成立體鳥形，不僅重量較沈，成本也較高，清代宮廷的樺皮鳳則適宜夏天佩戴，自清初內務府就有承作，惟其材質不易保存，完整留存者甚少。作為崇尚儉樸的皇家宮廷，樺皮鳳的製作與使用實具有多方面的意義。

插圖 2　元世祖后 必察畫像 國立故宮博物院藏

插圖 3　13-14 世紀皇后罟罟冠頂　寬 23.5　高 32.8 公分　蒙古國立歷史博物館藏

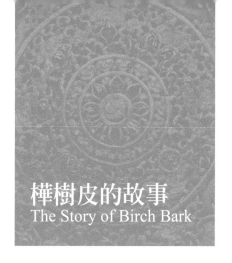

樺樹皮的故事
The Story of Birch Bark

金鑲樺皮鳳工藝

　　金鑲樺皮鳳主要是運用樺樹皮柔軟堅韌之特性而發展工藝，承載了中國東北一代遊牧民族的傳統文化，亦是清代皇后朝冠冠飾，其構成的要素有木材、竹料紙、鐵線、銅絲、樺樹皮、珍珠、金飾以及黏合所需的黏著劑。

插圖4　樺皮鳳鳳翅殘件　國立故宮博物院藏

　　而其製作方法是以木材為芯，作為鳳身體的主要結構，再於木材各個所需的部位鑽取合適的孔洞後，以鐵線縛固在木材的孔洞內，同時以鐵線為支架，彎曲塑形符合鳳的頭、頸、翅、尾的外觀，再依照各部位所需的外型，如頭、頸與身體的部位，綑上以竹纖維製作的紙料，勾勒出樺皮鳳大致上的外型。（插圖4）

為呈現出鳳翅與鳳尾的輕巧樣態，不需敷上一層較厚的竹料紙，因此翅膀與尾巴需另外獨立製作，並需留有鐵線製成的插銷，待貼上樺皮後再鑲入鳳身兩側以及後方鳳尾處所預留的孔洞內。（插圖5）

此外為了讓輕薄且柔軟的樺樹皮能緊密的黏貼於竹料紙上，需先將樺樹皮托上一層紙，於乾燥後將已處理好的樺皮貼上金箔，並依照所需的形狀裁切後黏貼於表面，讓樺皮鳳主體的外觀顯現。（插圖6）

在金飾構件的部分，需先完成纍絲步驟，並於需要黏合廂珠之處敷塗黏蠟膠，使金飾與廂珠緊密接合，再鑲入預留於鳳身的孔洞內，而米珠則是鑽孔後再以較細的銅絲線繫於鳳尾上，即完成金鑲樺皮鳳之製作。（陳澄波）

插圖5　樺皮鳳鳳身及鳳首殘件　國立故宮博物院藏

插圖6　樺皮鳳　局部　國立故宮博物院藏

1
金鑲樺皮鳳冠頂飾件
清 18-19世紀
清宮作品

Birch-bark phoenix finial with gold inlay
Qing dynasty, 18-19th c.
Qing court work

長14.5公分 · 寬6.3公分 · 高 7.0 公分
故雜4850/4851

2

金纍絲鳳冠頂飾件
清　18-19世紀
清宮作品

Gold-filigree phoenix finial
Qing dynasty, 18-19th c.
Qing court work

▌長16.5公分‧寬6.5公分‧高6.4公分
▌故雜8036

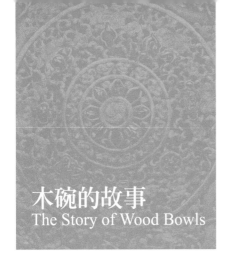

木碗的故事
The Story of Wood Bowls

木碗是最能反映蒙、藏各族飲食習慣的用具，可用來喝茶、抓糌粑、存放食品等，輕便耐用，易於隨身攜帶，盛裝食物不燙手、不改味。清代光緒年間徐珂描寫青海東柯寺法會，誦經中止時，僧官拿著裝有青稞粉、糖酥的木匣和巨壺茶，喇嘛各從懷中取出木碗，調茶麵搓酥而食。不論僧俗，木碗都是蒙藏人日常生活中不可或缺的用器。（插圖 7）

木碗一般以樺木、杜鵑樹根或雜木根製成，最貴重的材料則是以寄生植物製作，尤其是寄生在蒿根部的一種瘤（藏語稱為「咱」）。雅魯藏布江河谷森林茂密，位於茶馬古道交通要衝上的鄉鎮，往往生產木碗，其中又以山南地區錯那縣瑪麻村的門巴木碗以及山南加查鎮的核桃木碗最著名。山南是西藏古文明重要的發祥地，西與日喀則接壤，北與拉薩相鄰。門巴是門巴族，六世達賴喇嘛倉央嘉措就是門巴族人，該族的「薩瑪酒歌」提到以硬木樹根的節瘤製成最好的「咋布呀」木碗。

插圖 7　鑲銀木碗 20 世紀初
碗高 10 公分　口徑 22 公分　底徑 13 公分
蒙古博克多汗冬宮博物館　藏

自康熙年間每年初春藏地常進貢木碗賀年，宮廷中多用來飲奶茶，因此又稱為「奶子碗」，北京故宮就收藏了一件康熙帝御賜乾隆帝的木碗。雍正年間仍沿襲此習，《清內務府造辦處承作活計清檔》記載，噶倫貝子康濟鼐進札布札牙木碗；又達賴喇嘛進札固里木碗大小五個。展出的札布札雅木碗，材質細緻輕巧，絲狀紋理對比分明，用材珍貴。為攜帶方便，木碗常配有布套或金屬盒。（插圖8、9）展出的木碗則並以鐵鋄金嵌綠松石鏤空圓盒盛裝，為藏地貴族進獻宮廷的珍品。

插圖 8　鑲金扣木碗附氆氌套　20 世紀初
碗高 4 公分　口徑 13.5　公分底徑 9.3 公分
蒙古博克多汗冬宮博物館藏

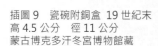

插圖 9　瓷碗附銅盒　19 世紀末
高 4.5 公分　徑 11 公分
蒙古博克多汗冬宮博物館藏

3
金嵌寶石多穆壺
清 18世紀
或為西藏作品

Gold domo butter-jar with gem inlays
Qing dynasty, 18th c.
Probably a Tibetan court work

徑14.2公分 · 高55.7公分
中琺1463

4

札古札雅木碗附嵌綠松石鐵鋄金盒、木盒
乾隆庚辰（25年）御題
清 18世紀
西藏作品

**Tsaku-tsaya wooden bowl, gilt iron case inlaid with
turquoise, wood box**
Qianlong imperial inscription dated to 1760
Qing dynasty, 18th c.
Tibetan work

▎木碗徑14.4公分‧高4.3公分 公分
▎故雜586

椀室飛龍鐵鑄形
椇木輴仙靈物伊浦草
法爲常陳座方華琳
書亦貢庭環比雀屵
纓出絲如孔文
開屏咸璀纓縱足昭
軏彝舜遷慚歟土釟
乾隆康辰御題

5
札古札雅木碗附銅鎏金盒、木盒
乾隆庚辰（25年）御題
清 18世紀
或爲清宮作品

Tsaku-tsaya wooden bowl, gilt case, wood box
Qianlong imperial inscription dated to 1760
Qing dynasty, 18th c.
Probably a Qing court work

┃ 木碗徑20.5公分・高5.5公分
┃ 故雜992 / 故銅436

6

木碗附嵌綠松石鐵鍍金盒
乾隆丙戌（31年）御題
清 18世紀
西藏作品

Wood bowl and gilt iron case inlaid with turquoise
Qianlong imperial inscription dated to 1766
Qing dynasty, 18th c.
Tibetan work

木碗徑14.0公分・高5.5公分
故雜729

7

木碗附嵌綠松石鐵鍍金盒

乾隆丙午（51年）御題
清 18世紀
西藏作品

Wood bowl and gilt iron case inlaid with turquoise

Qianlong imperial inscription dated to 1786
Qing dynasty, 18th c.
Tibetan work

▌ 木碗徑13.2公分‧高4.6公分
▌ 故雜730

8

札木札雅木碗 一組4件
道光年間榮增濟隴呼圖克圖進
清 19世紀
西藏作品

Set of four tsaku-tsaya wood bowl
Presented by the Jongtsan Jilong Hutuktu in the Daoguang
reign (1821-1849) to the Qing court
Qing dynasty, 19th c.
Tibetan work

▌木碗四件由小至大依序為徑12.2、15.1、15. 2、
 16.6公分，高3.8、4.3、4.8、5公分
▌故雜1964-1967

9

銀嵌綠松石鑲金龍紋壺
清 18世紀
或為清宮作品

Silver pot with turquoise inlay and gold openwork dragon design

Qing dynasty, 18th c.
Probably a Qing court work

| 寬34.5公分 · 高27.0公分
| 中雜98

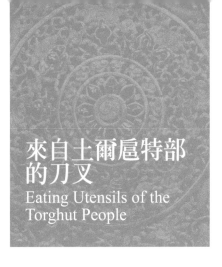

來自土爾扈特部 的刀叉
Eating Utensils of the Torghut People

　　土爾扈特部是漠西蒙古（或稱衛拉特蒙古）四部聯盟中的一支。16 世紀末以後逐漸西遷，經過漫長而緩慢的移動，1630 年左右到達伏爾加河下游流域一帶游牧。然而由於俄國沙皇勢力的擴張，視該區為己有，不斷威脅土爾扈特部的生存，最後土爾扈特部被迫在乾隆 36 年（1771）1 月於首領渥巴錫（1742-1775）的帶領下出發東返。長途跋涉的旅程，除了要面對寒冬、飢饉與疲憊，還要應付沙皇派遣的追兵與阻擾，備極艱辛，終於在同年 7 月得到清高宗的接納，進入伊犁河，渥巴錫並於 8 月啟啟前往熱河避暑山莊謁見皇帝。這件重要的歷史事件，同年就被繪入〈職貢圖卷〉第一卷（插圖 10），並特別撰文、賦詩刻於玉冊，記錄始末。

插圖 10　土爾扈特部　清　職貢圖　局部　國立故宮博物院藏

同年9月乾隆皇帝在普陀宗乘之廟接見渥巴錫，並豎立了兩塊巨大的石碑，碑上刻滿、漢、蒙文的「土爾扈特全部歸順記」、「優恤土爾扈特部眾記」，同時還請宮廷畫師為〈渥巴錫畫像〉（插圖11），畫的左上角寫蒙古文，右上角漢字「土爾扈特汗渥把錫」。根據高宗《御製詩集》，渥巴錫先後呈進一把七寶刀和一把金錯刀，後者還是其曾祖父阿玉奇汗以來四代相傳的珍寶，游牧民族贈送佩刀，一方面表示對受贈者的臣服，另一方面也表示對受贈者本身的敬重。

插圖11　清 渥巴錫畫像 德國賴斯博物館藏
Reiss-Engelhorn-Museen Mannheim, Foto: Jean Christen

土爾扈特部的另一位主要領導人親王榮伯克多爾濟，較渥巴錫年長的堂侄，乾隆37年（1772）呈進〈嵌銀羊角柄短刀〉，還有一匹哈薩克的良馬「寶吉騮」，同年貝子沙喇扣肯貢白鷹，他是新土爾扈特部盟長舍楞的副手。馬和鷹都是游牧民族的最愛，因此贈送良馬與獵鷹是送禮者將自己認為最

來自土爾扈特部的刀叉
Eating Utensils of the Torghut People

有價值的物品敬獻予對方。從宮廷畫家艾啟蒙（1708-1780）奉勅繪製的〈寶吉騮圖〉（插圖 12）和〈白鷹圖〉（插圖 13）可以發現，乾隆皇帝對初返境內的土爾扈特部並不放心。對比郎世寧所繪愛烏罕所獻呈的駿馬〈清郎世寧畫愛烏罕四駿〉，馬兒像在伸展台上隨意展示他的不凡，而寶吉騮則被安排在苑囿內，用韁繩羈絆在皇家紅漆鑲金的繩架上；白鷹則張翅回盼，有著桀驁不馴的意味，和乾隆朝多數白鷹圖向來所呈現出的溫馴冷靜，大異其趣。

　　〈嵌銀羊角柄短刀〉，對照盒上的題詩與高宗《御製詩集》，知其為親王榮伯克多爾濟所進的〈銀削刀〉，詩中提到刀鞘是以羊角製成，上飾銀花扣，這把刀原應為游牧民族隨身攜帶的刀具，高宗則以其小而刀鋒銳利，視其如書几上改正錯字用的削刀，另一方面也有偃武從文之意。

　　乾隆 39 年（1774）渥巴錫呈進三件一組的〈鎏金刀叉匙〉，清宮特製的木盒上刻御製詩，參考《御製詩集》中的夾註，這組禮物是盛裝在皮盒中，由三等侍衛阿思哈轉呈皇帝。在高宗的夾註特別解釋「叉」是餐具，而不是魚叉或髮釵，可見餐叉的使用在當時並不常見，刀叉的

組合主要和食肉的飲食習慣有關，明清時期以箸、匙為主要餐具，這組餐具和前面提到羊角柄短刀的裝飾文樣以及器形都和俄羅斯 18 世紀洛可可的風格有關，應為土爾扈特部在俄羅斯境內時的用品。

游牧民族各部落的活動區域有一定的範圍，以土爾扈特部緩慢的西遷來看，最初離開原居地和牧地不足有關，之後的遷移則因受到外力的影響，迫使他們不斷遷離原有牧地，最後終於在伏爾加河流域落腳。游牧移動的原因，不僅是追尋豐盛的牧草，也包含逃避自然災害與人為的風險，例如武力的對峙。再者，游牧人群的組合有相當大的彈性，一旦環境的資源不穩定時，則可改變群體大小，以謀求生存，而且組合中的成員也可能因情勢而變化，也就是「因情勢變化的族群認同」，從這個角度來看，當更能理解土爾扈特部的西遷和東返實為游牧文化的本質特性之一。

插圖 12　清 艾啟蒙畫寶吉騮圖 軸 局部 國立故宮博物院藏

插圖 13　清 艾啟蒙畫土爾扈特 白鷹圖 軸 國立故宮博物院藏

插圖 14　土爾扈特部西遷東返路線圖　林珮菱繪

俄羅斯

俄國（獨立國家國協）

貝加爾湖

額爾齊斯河

沙賓山口

薩彥嶺

阿爾泰諾爾烏梁海

唐努烏梁海

恰克圖

科布多

齋桑泊

阿

爾喀什湖

烏里雅蘇台

蒙古地

塔城

爾

泰

漠北蒙古（外

伊犁河

厄魯特蒙古

山（喀爾喀蒙古

伊犁
（綏定）

迪化

哈密

伊斯色克湖

天

山

寧夏

烏什

甘肅

新疆

回部

西寧

青海蒙古

蘭

青海

克

西藏

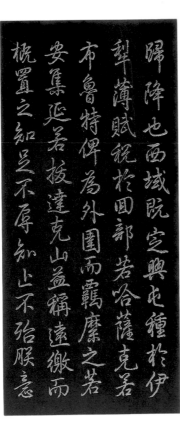

歸降也西域既定興屯種於伊
犁薄賦稅於回部若哈薩克若
布魯特俾為外圍而羈縻之若
安集延若拔達克山益稱遠徼而
梱置之知足不厚知止不殆朕意

可以示記土爾扈特者準噶爾四
衛拉特之一其詳已見於準噶
爾全部紀畧之文瀾欵始卒六荒
畧幕可考後因其汗阿玉奇輿
榮妄示睦寵歸俄羅斯俄羅斯

六如是而已矣豈其盡
天畀覆玉於海隅必欲憊主業
臣為我僕屬我而萃土爾扈特
之歸順則實
天與人歸有不期然而然者故不

10

「高宗御筆土爾扈特全部歸順記」玉版冊附木
盒、木座
乾隆辛卯（36年）御筆
清 18世紀
清宮作品

**Set of jade tablets inscribed with "Record of Full Submission
by the Torghuts" by Emperor Gaozong (with wood box and
stand)**

Qianlong imperial inscription dated to 1771
Qing dynasty, 18th c.
Qing court work

▌玉冊單片長24×11.3公分
▌中玉316

此成詩緣識遠人誠
乾隆甲午仲夏月御題

漆几用無垢輥教皮匣盛豈是大官偏少

請安收烟達先之徽物兩三呈肴珠堪佐

畏吾都護換迴京渥巴錫洋親送行籲從

11
鎏金刀叉匙　附錦袱、皮盒、木盒
土爾扈特部渥巴錫進
乾隆甲午（36年）御題
18世紀
俄羅斯作品

Gilt eating utensils, brocade wrapper, leather case, wood box
Presented by the Torghut Ubashi Khan to the Qing court
Qianlong imperial inscription dated to 1771
18th c.
Russian work

匙長20.7公分・叉長20.0公分・刀長24.6公分
故雜736-738

12

嵌銀羊角柄短刀　附錦袱、木盒
土爾扈特部進
乾隆壬辰（37年）御題
18世紀
俄羅斯作品

**Dagger with a silver-inlaid ram-horn handle,
brocade wrapper, wood box**
Presented by the Torghuts to the Qing court
Qianlong imperial inscription dated to 1772
18th c.
Russian work

刀長22.8公分
故雜1240

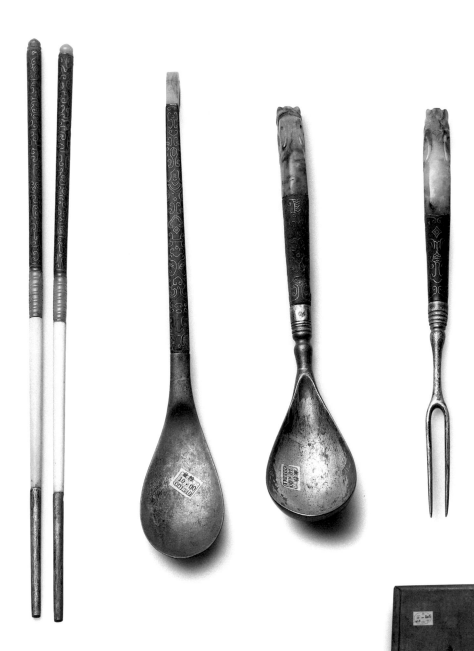

13

嵌玉木柄銀匙箸勺叉　一組4件附木盒
清　18-19世紀
或為清宮作品

**Set of four silver jade-inlaid eating utensils with
wood handles and a wood box**
Qing dynasty, 18th -19th c.
Probably a Qing court work

┃ 匙長22公分‧箸長 25.6公分‧勺長19.1公分‧叉長18.2
公分
┃ 故雜1340-1342

貳、藏傳佛教的浸潤

Immersed in Tibetan Buddhism

　　由印度佛教與西藏本土宗教「苯教」交融而成的藏傳佛教，十五世紀後逐漸興盛，成為蒙、藏族思想與生活中的一部份，並進而影響滿族的信仰。西藏的寺院不僅是信仰中心，亦為地方經濟與行政重心所在，因此喇嘛或王公等的進呈，無一不是一時之選，而以佛教法器作為獻禮，正與西藏丹書克每每敬稱皇帝為「文殊師利」的關係相應；換個角度來看，清代皇帝對藏傳佛教的禮敬，則清楚表明其對藏傳佛教影響力的高度重視與尊重。

　　Tibetan Buddhism traces its roots to an amalgamation of Indian Buddhism and the original Bon, an indigenous belief system in Tibet. Flourishing by the fifteenth century, Tibetan Buddhism became an important part of Mongolian and Tibetan thought and life, also coming to assert an influence on the Manchu people. Not only were Tibetan monasteries centers of religion, they also were vital focal points for local administration and the economy. For this reason, the tribute items sent by Tibetan lamas and nobility to the Qing dynasty court were always the finest in terms of quality. They invariably submitted Buddhist religious implements as gifts because of their constant reference to the Qing emperor in Tibetan diplomatic letters as "Manjusri," the Bodhisattva of Wisdom. And from the Manchu perspective, the Qing emperors likewise paid homage to Tibetan Buddhism, clearly demonstrating the high level of importance attached to its influence and the accompanying esteem that it earned as a result.

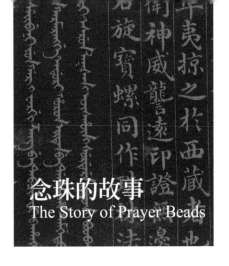

念珠的故事
The Story of Prayer Beads

念珠又稱為數珠，是信徒誦念時，用以計數的工具，透過反覆持念，收攝心性，有助於堅定信仰。其結構常與宗教信條結合，故各宗教皆有其念珠的樣式。佛教念珠的主要結構為佛珠、佛頭珠與記捻，珠數多為 108 顆，因修習內容的不同，尤其藏傳佛教依上師修行，可能會有各別的差異。

展出的念珠分別屬於 18 世紀和 19 世紀。以 18 世紀〈椰子念珠〉為例（插圖 15），將椰殼（一說椰蒂）切割成如鈕扣的扁圓形，念珠呈淺棕色，邊緣作深褐色，以皮繩穿繫，椰子和動物皮都是藏地游牧生活中容易取得的素材。念珠身在均等的位置分別加入銀鑲松石佛頭塔及三個蜜蠟佛頭，蜜蠟兩側各加一紅珊瑚隔珠，透過色彩的搭配使念珠看起很有精神，也提昇了整串椰珠的質感。六串成對的金、銀、珊瑚記捻作對稱分佈，各在佛頭塔與兩側佛頭之間，記捻是計數用，代表十、百、千、萬等，底下則栓著金剛杵，最有趣的是佛頭塔兩側繫著的銀耳挖和銀鈴管，有如游牧人隨身佩掛著的三事兒，正說明念珠在宗教屬性的同時是多麼貼近游牧人群的生活。

念珠的材質多樣，果實是最輕便，相對而言容易取得的素材，《佛說木槵子經》記載佛告訴印度波離王，貫木槵子一百八，隨身攜帶，專心稱念佛陀達摩僧伽名，滿二十萬、一百萬遍等，可以遠離諸種眾苦，波離王歡喜奉行，並「營辦木槵子千具，送與六親國戚」。因此果實原來應是一種較平民化且生活化的念珠材質，只是隨著時間的累積，各色果實如菩提子、金剛子等被賦予各種美好、正面的意義，和修持的終持目標相結合，當然市場價格也跟著水漲船高。

嘎巴拉念珠是最具神秘色彩，也是藏傳佛教最具特色的一種念珠。「諸行無常，是生滅法，生滅滅已，寂滅為樂」是佛法的終極真理，透過了解生死之苦，從生死中解脫，再到接受生死的真相，那麼生死也就沒有那麼恐怖了。從世俗意涵來理解，

插圖 15　清 18 世紀　椰子念珠　局部　國立故宮博物院藏

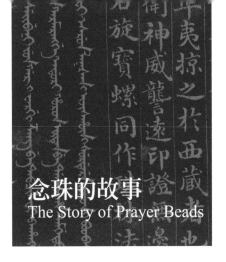

念珠的故事
The Story of Prayer Beads

嘎巴拉念珠代表無常，旨在提醒眾生死無常，培養斷離心；就藏傳佛教密法的修持而言，嘎巴拉念珠從製作到使用都需依照嚴格的宗教儀軌。根據明代人的筆記記載，宋人已有嘎巴拉念珠，明代人對人頭骨念珠也不陌生。

插圖 16　清 19 世紀 嘎巴拉念珠 局部 國立故宮博物院藏

展出的〈嘎巴拉念珠〉（插圖 16），今僅存嘎巴拉念珠和漆珠組成的念珠身共 108 顆，根據黃籤記載「上拆去金圈四個、金計念四掛、金鈴杵斧四個」，不清楚是那一位皇帝傳旨將四串記捻拆去，現在只剩下珊瑚佛頭塔和碧玉杵。「嘎巴拉」是頭骨的梵文音譯，一個個呈輪狀的骨珠，側面鑲嵌藍、白、綠、紅、金，五色小圓珠，每一個白色骨珠間隔一黑漆圓珠，黑白對比鮮明，又以紅珊瑚為佛頭，

整串念珠既莊嚴又有神采，非常具有特色。還有〈硨
磲念珠〉，硨磲取自深海貝殼，瑩白清新，以紅珊瑚
為佛頭珠，兩側襯以綠色孔雀石隔珠，明淨典雅。〈漆
念珠〉（插圖 17），以果核為心，內穿金屬管，外覆
細泥，紅綠漆繪，小巧可愛。念珠不拘材質，凡人皆
可持用，足為信仰的普世代表。

插圖 17　漆念珠　清 19 世紀　國立故宮博物院藏

插圖 18　清 19 世紀　嘎 宮博物院藏

14

木子念珠
清 18世紀
西藏作品

Wood prayer beads
Qing dynasty, 18th c.
Tibetan work

珠徑2.0公分‧周長58公分
故雜7699

15
椰子念珠
清 18世紀
西藏作品

Coconut-shell prayer beads
Qing dynasty, 18th c.
Tibetan work

珠徑1.5公分・周長54公分
故雜7710

16
木子念珠
清 18世紀
西藏作品

Wood prayer beads
Qing dynasty, 18th c.
Tibetan work

珠徑1.1公分・周長133公分
故雜7751

17

砗磲念珠
清 18世紀
西藏作品

Clamshell prayer beads
Qing dynasty, 18th c.
Tibetan work (Partially restored)

珠徑0.4公分・周長68公分（原部份散脫・經修復）
故雜7706

18

金剛子念珠
清 18世紀
西藏作品

Rudraksha prayer beads
Qing dynasty, 18th c.
Tibetan work (Partially restored)

珠徑0.9公分·周長111公分（原部份散脫·經修復）
故雜5317

19
桃核念珠
清 18世紀
西藏作品

Peach-pit prayer beads
Qing dynasty, 18th c.
Tibetan work

珠徑1.3公分 · 周長118公分
故雜7752

20

漆念珠
清19世紀
或爲西藏作品

Lacquer prayer beads
Qing dynasty, 19th c.
Probably a Tibetan work (Partially restored)

珠徑0.7公分・周長136公分（原部份散脫・經修復）
故雜5335

21
嘎巴拉念珠
清19世紀
或爲西藏作品

Bone prayer beads
Qing dynasty, 19th c.
Probably a Tibetan work (Partially restored)

珠徑0.8公分・周長80公分（原部份散脫・經修復）
故雜5113

22
嘎巴拉念珠
清19世紀
或爲西藏作品

Bone prayer beads
Qing dynasty, 19th c.
Probably a Tibetan work

珠徑0.8公分 · 周長79公分
故雜7758

23

漆念珠
清19世紀
或爲西藏作品

Lacquer prayer beads
Qing dynasty, 19th c.
Probably a Tibetan work

珠徑1.14公分・周長88公分
故雜5325

24

金剛子念珠
清19世紀
或爲西藏作品

Rudraksha prayer beads
Qing dynasty, 19th c.
Probably a Tibetan work

珠徑0.9公分 · 周長102公分
故雜7800

25
終楚克石念珠
清19世紀
或為西藏作品

Stone prayer beads
Qing dynasty, 19th c.
Probably a Tibetan work

珠徑0.9公分・周長114公分
故雜7798

殊勝的佛教法器
Buddhist Implements Most Excellent

　　西藏地處高原，高山屏障，地形上比蒙古草原封閉，然而 18 世紀北邊的準噶爾部和南邊的廓爾喀都曾穿越高山進入西藏。〈青金石鉢〉的皮盒上記錄這是乾隆乙亥（20 年，1755）年清廷打敗準噶爾部時所得，應該是先前準噶爾部在西藏時所得到的。蒙古族的準噶爾部在 17 世紀興起，以伊犁為首都，其首領策妄阿拉布坦（1698-1727 在位）曾進入西藏，佔有拉薩，統治西藏三年（1717-1720）。乾隆 6 年（1741）高宗曾賜予哲布尊丹巴一件鐵鉢，（插圖 16）和展出的這件〈炕老鸛翎鐵鉢〉一模一樣，而所謂「炕老鸛翎」，在鐵上燒烤出藍紫色層的作法在雍正朝已有，因此這件〈青金石鉢〉（插圖 19）很可能是運用青金石特有的顏色，仿鐵鉢造型製作而成。

　　準噶爾部極盛時期（1698-1745），不僅統治天山南路的葉爾羌汗國（1514-1690），並向西征服哈薩克汗國，勢力到達阿富汗等地。阿富汗東北的巴達赫尚（Badakhshan），是絲綢之路的中轉站，也是世界上最大、最著名的青金石產地，如此大型的青金石鉢，應該和阿富汗不無地緣的關係。

西藏和南邊尼泊爾、印度關係密切，雙方的貿易與交流有著長遠的歷史，藏傳佛教的始祖蓮華生大師就是從印度、尼泊爾進入西藏，尼泊爾鑲嵌寶石風格的佛教造像早在7、8世紀就在西藏流傳，最有名的就是元朝的阿尼哥（Araniko，1244-1306）。拉薩紐瓦爾（Lhasa

插圖 19　鐵鉢附皮盒　清 18 世紀 蒙古博克多汗冬宮博物館藏

殊勝的佛教法器

殊勝的佛教法器
Buddhist Implements
Most Excellent

Newar）更成為一專有名詞，指稱來往西藏與加德滿都兩地的商人和工藝家。

清代晚期的筆記《清稗類鈔》記錄西藏有許多來自尼泊爾和不丹的移民，擅長金屬與玉石等細工。書中還提到拉薩來自喀什米爾的回教商人，喀什米爾的佛教造像常在黃銅上錯以銀或紅銅絲，這種裝飾手法早在 7、8 世紀就影響了西藏的造像。16 世紀以後印度蒙兀兒帝國佔領喀什米爾，這裏成為帝王的避暑勝地，建造了許多貴族花園。另一方面，來自拉達克的西藏穆斯林在拉薩、日喀則的地位顯赫，不僅具有特殊經商權，往來於蒙兀兒、拉達克與西藏之間，同時代表喀什米爾政府與達賴喇嘛等宗教領袖往來密切，由此看來，西藏出現伊斯蘭風格的工藝作品也就不足為奇了。

乾隆 45 年六世班禪進呈的〈銀鎏金胎內填琺瑯嵌寶蓋罐〉內填琺瑯的手法、玻璃質感的綠色釉和鑲嵌紅寶石的技術都帶有濃厚的蒙兀兒風格，然而罐腹主要紋飾作轉枝花卉，以及托座、蓋頂近乎雙層蓮瓣的作法，（插圖 21）並不常出現在伊斯蘭風格的植物文樣元素中，彷彿是在伊斯蘭風格中摻入西藏的偏好。班禪同時呈進了一件〈銀胎綠琺瑯嵌寶石靶碗〉（北京故宮博物院藏），清宮根據此件仿製至少兩件，院藏其中的這件〈乾隆內填琺瑯嵌寶石靶碗〉（插圖 22），為其中之一，花卉紋飾線條勻整與做工結實，表現皇家嚴謹規整的品味。

插圖 20　清 18 世紀　青金石鉢
國立故宮博物院藏

插圖 21　清 18 世紀　銀鎏金胎
內填琺瑯嵌寶蓋罐 西藏作品 國
立故宮博物院藏

插圖 22　清 18 世紀　乾隆內填琺瑯嵌
寶石靶碗 碗蓋 國立故宮博物院藏

26
青金石佛鉢　附皮盒
乾隆己卯（24年）御題
清　18世紀
或爲西藏作品

Lapis lazuli alms bowl and a leather case
Qianlong imperial inscription dated to 1759
Qing dynasty, 18th c.
Probably a Tibetan work

徑21.6 公分‧高15公分
故雜1298

27

炕老鸛翎鐵　附皮盒
清乾隆60年造
清宮作品

Dark blue iron alms bowl and a leather case
Qing dynasty, dated to 1796
Qing court work

▍口徑18.3公分‧高16.6公分
▍故雜851

28

札嘛嚕手鼓　附皮盒
章嘉胡圖克圖進
清 18-19世紀
西藏或蒙古作品

Skull hand-drum and a leather case
Presented by the Changkya Hutuktu to the Qing court
Qing dynasty, 18th-19th c.
Tibetan or Mongolian work

手鼓長13.6公分・寬12.5公分・高7.0公分
故雜575

29

嘎布拉手鼓　附皮盒
嘉慶9年濟嚨呼圖克圖進
清　18–19世紀
西藏作品

Skull hand-drum and a leather case
Presented by the Jilong Hutuktu to the Qing court in 1804
Qing dynasty, 18th-19th c.
Tibetan work

鼓長12公分‧寬12.4公分‧高7.0公分
故雜471

30

銀鎏金內填琺瑯嵌寶蓋罐　附皮盒
乾隆45年班禪額爾德尼進
清　18世紀
西藏作品

Gilt silver champleve lidded jar with gem inlay and a leather case
Presented by the Panchen Erdeni to the Qing court in 1780
Qing dynasty, 18th c.
Tibetan work

口徑12公分・高16.4公分
故琺800

31
內填琺瑯嵌寶靶碗　附皮盒蓋
大清乾隆年製款
清　18世紀
清宮作品

Gold champleve lidded stem bowl inlaid with gems and a leather case
Mark for "Made in the Qianlong reign of the Great Qing"
Qing dynasty, 18th c.
Qing court work

| 口徑14.3公分 · 高18.9公分
| 故雜1318

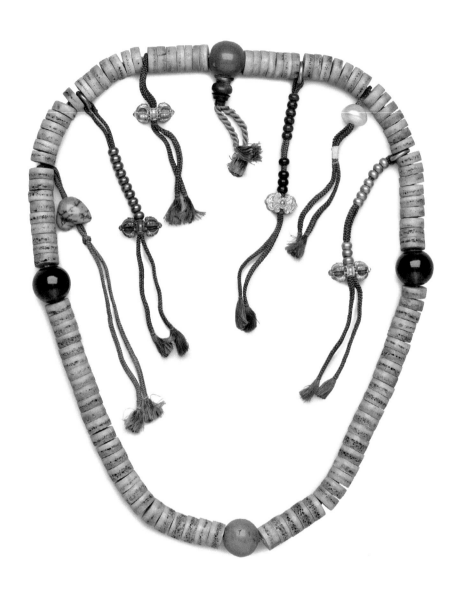

32
嘎布拉數珠　附題識錦片
乾隆45年班禪額爾德尼進
清　18世紀
西藏作品

Bone prayer beads and a brocaded silk text
Presented by the Panchen Erdeni to the Qing court in 1780
Qing dynasty, 18th c.
Tibetan work

珠徑1.3公分‧周長62公分
故雜1938

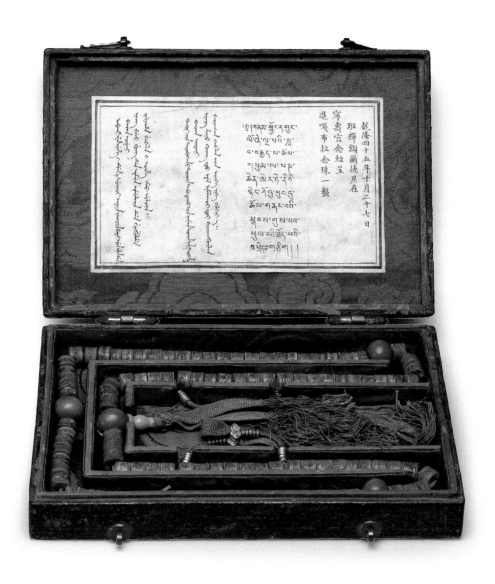

33

嘎布拉念珠　附木匣
乾隆45年班禪額爾德尼進
清 18世紀
西藏作品

Bone prayer beads and a wooden case
Presented by the Panchen Erdeni to the Qing court in 1780
Qing dynasty, 18th c.
Tibetan work

木匣長22.4公分‧寬15公分‧高4.2公分‧念珠周長90公分
故雜579

34
金嵌松石佛鍋2件　附舍利、木盒
乾隆60年班禪額爾德尼進
清　18世紀
西藏作品

Two gold turquoise-inlaid reliquaries in a wood box
Presented by the Panchen Erdeni to the Qing court in 1795
Qing dynasty, 18th c.
Tibetan work

佛鍋長2.6公分・寬2.1公分
故雜1871

35

銅鎏金金剛鈴、金剛杵　附皮盒
達賴喇嘛進
清　18–19世紀
西藏作品

Gilt bell and vajra with a leather case
Present by the Dalai Lama to the Qing (1644-1911) court
Qing dynasty, 18th-19th c.
Tibetan work

┃ 鈴高16.8公分・杵長13.2公分
┃ 故雜710、711

36
蚌殼五佛冠　附木盒
乾隆57年廓爾喀進
清　18世紀
西藏作品
原札什倫布寺物

**Mother-of-pearl five-Buddha headband with a
wooden box**

Presented to the Qing court in 1792 from the Gurkha Kingdom
Qing dynasty, 18th c.
Tibetan work (Originally from the Tashilhunpo Monastery in
Shigatse) Tibetan work

全長82公分
故雜6084

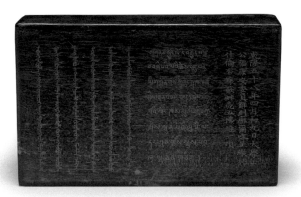

37
珊瑚數珠　附羊皮簽
乾隆57年廓爾喀進
清　18世紀
或爲西藏作品

Coral prayer beads with sheepskin note
Presented to the Qing court from the Gurkha Kingdom in 1792
Qing dynasty, 18th c.
Probably a Tibetan work

珠徑2.6公分・全長公分（原部份散脫・經重串加固）
故雜1008

38
金嵌寶石降魔寶刀
清 18-19世紀
或爲西藏作品

Ceremonial evil-eradicating gilt knife with gem inlay

Qing dynasty, 18th-19th c.
Probably a Tibetan work

| 全長82公分・寬6.3公分
| 故雜1940

39
金嵌珊瑚松石喀章嘎
清18世紀
西藏作品

Gilt khatvanga staff with coral and turquoise inlay
Qing dynasty, 18th c.
Tibetan work.

| 長36.4公分
| 中雜46

40

銀壇城　附五色哈達
土觀呼圖克圖等進
清　19世紀
西藏作品

Silver mandala with multicolored khatas
Presented by the Tuguan Hutuktu, et al., to the Qing court
Qing dynasty, 19th c.
Tibetan work

| 壇城徑30.3公分 · 高13.1公分
| 故雜536

41

銀壇城　附五色哈達
清 19世紀
西藏作品

Silver mandala with a red khata

Qing dynasty, 19th c.
Tibetan work

壇城徑23.1公分‧高7.1公分
故雜837

42

蜜臘數珠
光緒21年班禪額爾德尼進
清 19世紀
西藏作品

Amber prayer beads
Presented by the Panchen Erdeni to the
Qing court in 1895
Qing dynasty, 19th c.
Tibetan work

周長182公分
故雜7673

43

鍍金刻花碗
光緒21年察木多帕克巴拉呼圖克圖進
清 19世紀
西藏作品

Gilt bowl with engraved floral motifs
Presented in 1895 to the Qing court by the Pakepala
Hutuktu Chamdo
Qing dynasty, 19th c.
Tibetan work

▎口徑15.8公分・高9.9公分
▎故雜1869

44
金碗
清　19世紀
或爲西藏作品

Gold bowl
Qing dynasty, 19th c.
Probably a Tibetan work

徑16公分
故雜1870

45

鍍金花鳥紋銀葫蘆式奔巴壺
清　18-19世紀
或爲西藏作品

**Gilt silver gourd-shaped pot with bird-and-flower
pattern**
Qing dynasty, 18th-19th c.
Probably a Tibetan work

徑11.1公分・高20.0公分
故雜583

叁、珊瑚與松石的對話
Conversing in Coral and Turquoise

　　珊瑚和綠松石深受蒙古與藏族的喜愛，常鑲嵌在金、銀器上，或搭配珍珠、蜜蠟，組成色彩鮮豔、碩大豪邁的飾物，每逢盛會佳期，則層層披掛，形成游牧文化獨特的美感。珊瑚來自地中海，松石來自伊朗，價值不菲，足以展現配戴者的身分與財力。珊瑚、水晶、硨磲等各色寶石，一方面是佛法殊勝的具象化表徵；另一方面，苯教自然崇拜的信仰中，稀有寶石往往具有護身符的功能。因此，寶石飾物兼具吉祥、幸運與社會地位的象徵，成為蒙藏人美麗的特色。

　　Coral and turquoise are products of nature that have long been appreciated by Mongolian and Tibetan peoples, who used these precious materials as inlay on gold and silver wares or to complement pearls and amber for colorful and magnificent forms of personal ornamentation. For important ceremonial occasions, such jewelry was adorned in layers, creating a unique aesthetic trait in the culture of these nomadic peoples. Their coral was sourced from the Mediterranean Sea and the turquoise mined in Iran. Of commanding value, these materials came to signify the status and economic clout of the person wearing them. Rare and semi-precious gems of coral, crystal, and clamshell not only were concrete symbols of Buddhism most excellent, the native Tibetan religion of Bon, with its reverence for nature, came to imbue them with protective powers as well. Thus, personal ornaments decorated with these gems served as symbols of auspiciousness, good fortune, and social status, becoming a unique beauty of the Mongolian and Tibetan peoples.

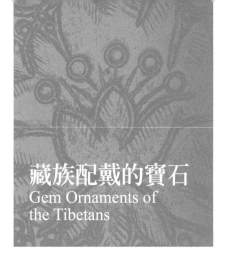

藏族配戴的寶石
Gem Ornaments of the Tibetans

　　藏族的配飾以銀嵌珊瑚、松石為主，不論男女都有佩戴飾品的習慣。西藏的行政系統由地方貴族組成，官員頭上戴著金嵌珊瑚等寶石的帽頂，一耳（左耳）戴著末端收尖的細長耳環，上面嵌著珊瑚、綠松石，節慶時更是少不了各式大型綠松石耳飾和珊瑚、蜜蠟項飾。一般男性也會戴耳飾，或在頭髮上裝飾小佛鍋，寶石沒有明顯的性別限制，通常男性多以綠松石為主。

　　女性的裝飾就更華麗了，她們梳著細細的髮辮，各式飾品常以辮梢固定，胸前的佛鍋是不可少的一項。冠飾和身分等級有關，也有地域性的差別。節慶盛會時，拉薩一帶貴族婦女依身份高低頭戴「珍珠巴珠」或「珊瑚巴珠」，「巴珠」為藏語，指「頭冠」，作三角形支架，包覆氆氌，外層滿飾珠石，地位更高者則在巴珠之上再加上珍珠帽。（插圖23）珍珠帽以木為胎，帽上滿滿包覆著一粒粒小珍珠，橫直相間串結排列的小珍珠，由大漸小一圈圈層疊，珍珠之間不時穿插點綴著綠松石，

帽頂則為金嵌綠松石圖形飾，帽內上朱漆，十分厚重華麗。

〈插圖 23〉是 1938-1939 年德國地質和動物學家 Ernst Schaefer 在西藏進行考察時所拍攝貴族家族（Phalha Family）的珍貴照片，少女除了戴珍珠冠飾，兩耳前側垂掛著以髮辮穿繫的大型綠松石耳飾，胸前戴著「嘎烏」—佛鍋，還有成串的珍珠串飾等，傳達出貴族的氣派與尊貴，和不失優雅的美感。

藏地不產銀，多使用來自尼泊爾的銅、鎳合金。藏地也不產珊瑚，13 世紀時珊瑚在西藏就已十分貴重。在台灣珊瑚開採之前，地中海是世界珊瑚的主

插圖 23 戴著珍珠帽的少女。
Bundesarchiv, Bild 135-KA-08-037 / photo: Ernst Krause

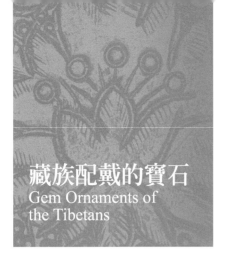

藏族配戴的寶石
Gem Ornaments of the Tibetans

要產地，尤其是義大利的深紅色珊瑚，深受西藏青
睞。珊瑚進入西藏的途徑有多條路線，陸路貿易可
經由敘利亞、伊拉克、伊朗，到達撒馬爾罕，再由
列城（Leh）到拉薩。15 世紀末海路興起，由義大
利熱那亞、利佛諾或法國馬賽，到達印度孟買和喀
拉蚩等港口。不論是陸路或海路，西藏的珊瑚往往
透過印度，經喀什米爾或拉達克進入藏地。

　　展出的銀飾戒指或手鐲，除了嵌飾珊瑚之外，
松石也是重要的寶石，這些松石的顏色或藍或綠，
在西藏的東南和東部的綠松石礦顏色偏綠，有褐或
黑色蜘蛛網狀紋理，和這些銀飾上松石的特色相符，
因此這些飾品很可能來自藏東。同時，這批銀飾多
以膠固定寶石，寶石脫落後仍可見深色填充底部的
膠質，此作法亦具地方特點。（插圖 24）藏東一帶

插圖 24　清 18 世紀　銀嵌珊瑚松石
戒指　國立故宮博物館藏
戒面中央的嵌飾原已脫落，可見底
部塗加的黏膠痕跡。

常見以垂鍊裝飾下半身的作法。以腹前垂掛而下的飾物為中心，向身側勾連出弧形的各式銀鍊，最後固定在身後的腰間。有如這件〈蜜蠟珊瑚銀鍊瓔珞〉（插圖 25），為腰上帶飾，垂掛身側，從腰間銀鍊上殘留紅色氆氌的織品推測，原應固定在織品上，組成一腰帶，斜格交織的網狀瓔絡可能也有織品托襯，從身後向腹前延伸，並與腹前的裝飾相連接。大型蜜蠟也是藏族喜愛的寶石種類，（插圖 26）蜜蠟主要產在波羅的海、緬甸和西伯利亞，緬甸所產從錫金輸入西藏，17 世紀波羅的海的蜜蠟則是由歐洲商人貿易到印度，至於西伯利亞貝加爾湖的琥珀，顏色較蒼白，大多從蒙古邊境輸入，流傳在西藏東北區域。

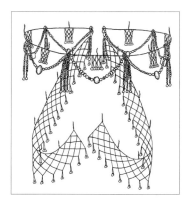

插圖 25　蜜蠟珊瑚銀鍊瓔珞佩戴示意圖　廖伯豪繪

插圖 26　清 18 世紀　蜜蠟珊瑚銀鍊瓔珞　局部　西藏作品　國立故宮博物館藏

46
銀嵌珊瑚松石冠頂
清 18世紀
西藏作品

Silver hat finial with coral and turquoise inlay
Qing dynasty, 18th c.
Tibetan work

徑4.1公分・高7.1公分
故雜6421

47
銀嵌珊瑚松石耳墜
清　18世紀
西藏作品

Silver earring with coral and turquoise inlay
Qing dynasty, 18th c.
Tibetan work

長9.3公分　‧環徑2.5公分
故雜6382

48
銀嵌珊瑚松石頭飾
清 18世紀
西藏作品

ilver head ornament with coral and turquoise inlay
Qing dynasty, 18th c.
Tibetan work

徑6.7公分 · 高2.6公分
故雜6442

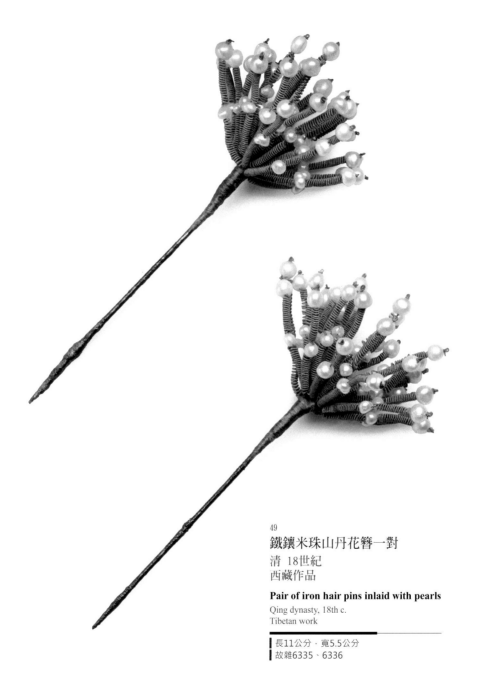

49
鐵鑲米珠山丹花簪一對
清 18世紀
西藏作品
Pair of iron hair pins inlaid with pearls
Qing dynasty, 18th c.
Tibetan work

長11公分‧寬5.5公分
故雜6335、6336

51
銀嵌珊瑚松石耳環一對
清 18世紀
西藏作品

Pair of silver earrings with coral and turquoise inlay
Qing dynasty, 18th c.
Tibetan work

長11.2公分
故雜4623

50
皮鑲銀嵌珊瑚飾頭箍
清 18世紀
西藏作品

Leather headband with silver and coral inlay
Qing dynasty, 18th c.
Tibetan work

長60公分‧寬2.9公分
故雜4646

52
銀飾穿珊瑚珠串耳墜一對
清 18世紀
西藏作品

Pair of silver braid ornaments with strands of coral beads
Qing dynasty, 18th c.
Tibetan work

寬2.3公分‧長16.5公分
故雜6440

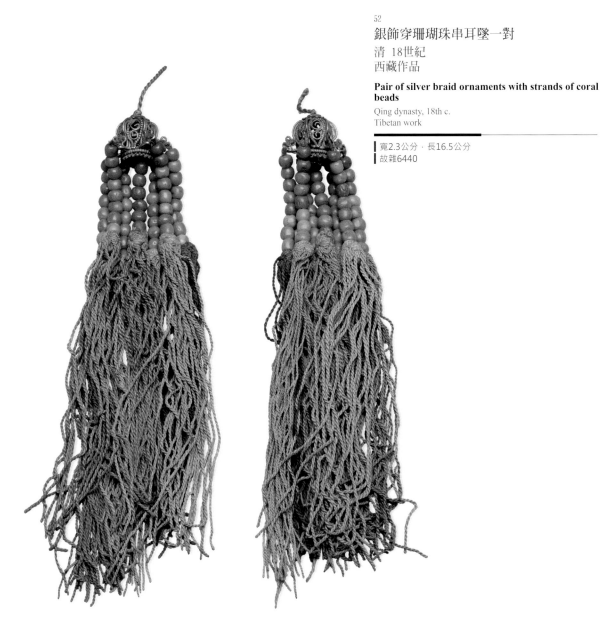

53
銀嵌珊瑚松石三事兒
清 18世紀
西藏作品

**Silver ornamental personal care set with coral and
turquoise inlay**

Qing dynasty, 18th c.
Tibetan work

長12.1公分．寬2.7公分
故雜6422

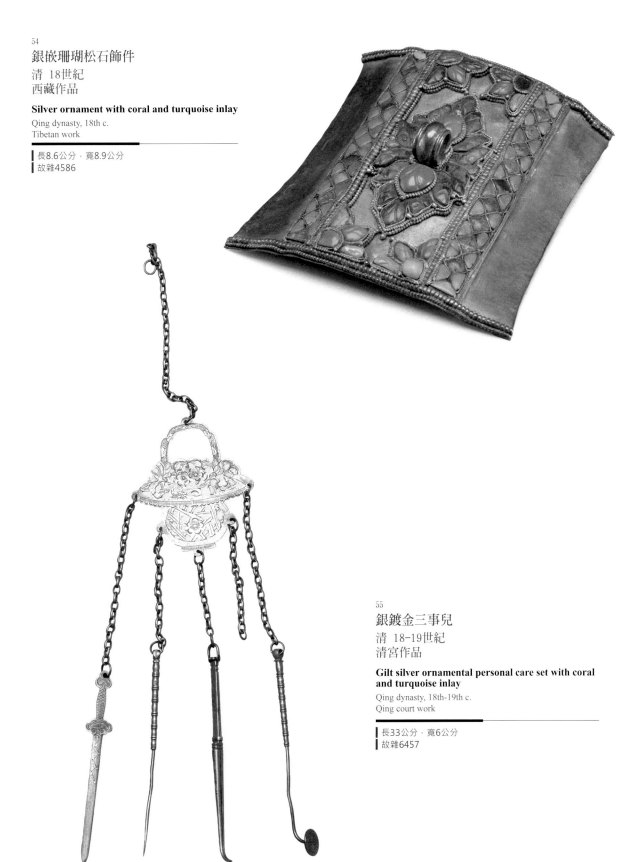

54

銀嵌珊瑚松石飾件

清 18世紀
西藏作品

Silver ornament with coral and turquoise inlay

Qing dynasty, 18th c.
Tibetan work

長8.6公分・寬8.9公分
故雜4586

55

銀鍍金三事兒

清 18-19世紀
清宮作品

**Gilt silver ornamental personal care set with coral
and turquoise inlay**

Qing dynasty, 18th-19th c.
Qing court work

長33公分・寬6公分
故雜6457

56
銀嵌珊瑚臂釧一對
清 18世紀
西藏作品

Pair of silver armlets with coral inlay
Qing dynasty, 18th c.
Tibetan work

徑10.5公分
故雜6323、6324

57
銀嵌珊瑚苗石結子 2件
清 18世紀
西藏作品

Two silver armlet ornaments with coral and turquoise inlay
Qing dynasty, 18th c.
Tibetan work

徑3.8公分，高2.6公分
故雜4657、4658

58
銀嵌珊瑚苗石結子　2件
清　18世紀
西藏作品

Two silver armlet ornaments with coral and turquoise inlay
Qing dynasty, 18th c.
Tibetan work

徑4.35公分，高3.96公分
故雜6372、6373

59
銀嵌珊瑚松石臂釧一對
清　18世紀
西藏作品

Pair of silver armlets with coral and turquoise inlay
Qing dynasty, 18th c.
Tibetan work

徑9.2公分
故雜4638

60
銀嵌珊瑚松石手鐲
清 18世紀
西藏作品

Silver bracelet with coral and turquoise inlay

Qing dynasty, 18th c.
Tibetan work

徑8.5公分
故雜6452

61
銀嵌珊瑚松石手鐲
清 18世紀
西藏作品

Silver bracelet with coral and turquoise inlay

Qing dynasty, 18th c.
Tibetan work

徑5公分
故雜4675

62
銀嵌珊瑚松石臂釧一對
清 18世紀
西藏作品

Pair of silver armlets with coral and turquoise inlay
Qing dynasty, 18th c.
Tibetan work

徑9.2公分
故雜4638

63
銀嵌珊瑚苗石戒指12件
清　18世紀
西藏作品

Twelve silver rings with inlays of coral and turquoise
Qing dynasty, 18th c.
Tibetan work

最大者徑4.0公分
故雜6360-6371

64
銀嵌珊瑚苗石戒指2件
清 18世紀
西藏作品

Two silver rings with inlays of coral and turquoise
Qing dynasty, 18th c.
Tibetan work

徑2.6公分
故雜4678、4679

65
銀嵌珊瑚苗石戒指2件
清 18世紀
西藏作品

Two silver rings with inlays of coral and turquoise
Qing dynasty, 18th c.
Tibetan work

徑2.8公分
故雜6458、6459

66
銀嵌珊瑚苗石戒指5件
清　18世紀
西藏作品

**Five silver rings with inlays of coral and
turquoise**
Qing dynasty, 18th c.
Tibetan work

徑2.1公分
故雜4649-4653

67
銀嵌珊瑚苗石戒指8件
清 18世紀
西藏作品
Eight silver rings with inlays of coral and turquoise
Qing dynasty, 18th c.
Tibetan work

徑2.1公分
故雜6411-6418

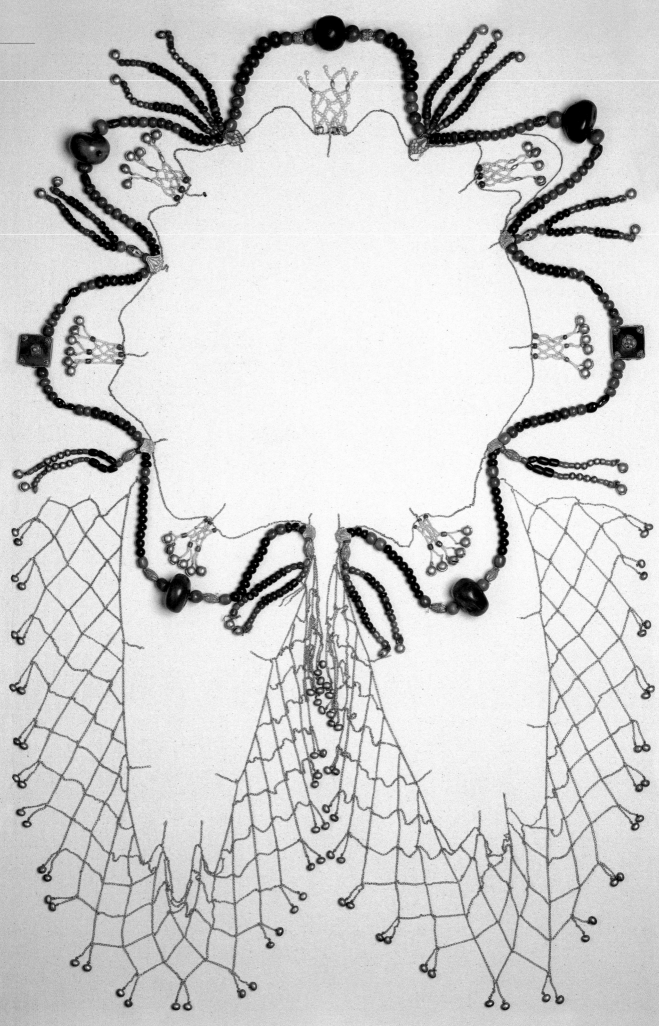

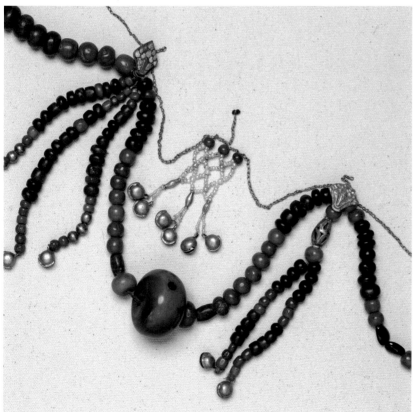

68
珊瑚蜜蠟寶石米珠纓絡

清 18世紀
西藏作品

Waistband of coral, amber, gems, and pearls
Qing dynasty, 18th c.
Tibetan work

全長320公分
故雜6158

68
嵌松石珍珠帽
清　18世紀
西藏作品

Pearl hat with turquoise inlay
Qing dynasty, 18th c.
Tibetan work

徑26.5公分・高20公分
中雜57

70

金嵌松石耳墜一對
清 18世紀
西藏作品

Pair of gold ear pendants
Qing dynasty, 18th c.
Tibetan work

長21公分・寬3.38公分
故雜8318、8319

71
珊瑚松石米珠穗
清　18世紀
西藏作品

Tasseled ornament of coral, turquoise, and pearls
Qing dynasty, 18th c.
Tibetan work

長33公分
故雜6163

珊瑚松石米珠垂掛 3件
清 18世紀
西藏作品

**Three women's ornaments of coral,
turquoise, and pearls**
Qing dynasty, 18th c.
Tibetan work

長47.5公分‧長42公分‧長45公分
故雜6154-6155、故雜6156

73

嵌珠石金佛鍋　附銀線帶、香珠串
清 18世紀
西藏作品

**Buddhist amulet case with coral and pearl
inlay, prayer beads, and ribbon**
Qing dynasty, 18th c.
Tibetan work

▌佛鍋長9.0公分・寬7.9公分・高1.9公分・香珠串
周長93公分
▌故雜6015

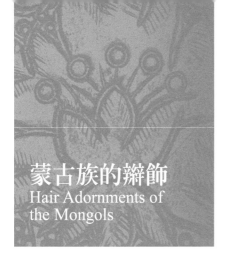

蒙古族的辮飾
Hair Adornments of the Mongols

　　蒙古族各部落服飾雖有差異，然皆珍愛珊瑚等寶石，其冠帽與髮辮的裝飾最具特色。元代婦女高聳的罟罟冠給人留下深刻印象，是一個鮮明的例子，喀爾喀部婦女的髮型更是令人難以忘懷（插圖 27）。她們將頭髮做成兩個彎彎的羊角狀，立於頭的兩側，高高揚起，前端固定在嵌寶石冠帽的兩側，另一端伸出長長的髮辮，套著嵌寶石的長管，再加上各色織品，不僅美麗又威風。展出的這件〈嵌珊瑚珠石黑絨髮辮套〉是一種辮子套，作長筒形，髮辮可置於其間，管內以皮革加固撐起，上下兩端裝飾環飾珊瑚珠帶，應是土爾扈特部的樣式，該部以黑色為吉祥象徵，故以黑絨製成。（插圖 29）

　　長長的髮辮，是蒙古族裝飾重點，〈藍色絲辮〉在深藍色絲線上間飾白色與藍色絲線，並串上珊瑚珠、青金石珠，由一股分為三股，再各別分為四股，形成十二股絲辮，有子孫代代繁衍的意涵。（插圖 30）滿族和蒙古族自來有聯姻的定制，蒙古族帽後的飄帶還成為清代后妃朝服的一部份，在〈清院本親蠶圖〉中后妃朝帽的背後垂飾黑絨圭角形帶，帶上裝飾鍍金八寶蓮花嵌件，帶尾還墜著寶石，（插圖 31）說明滿蒙在服飾文化上的共通性。

保護用疏薄絹

　　前面介紹的辮子套和飄帶，因為絨布的狀況不佳，在修護的過程都加了一層保護用的疏薄絹（crepeline），（插圖 28）這是一種極細的絲綢，常被使用於織品的保存與修復，主要的功能是用來保護或支撐脆弱的紡織品。此次配合被保護文物為黑色絲絨，故特別選擇黑色的疏薄絹，將其縫製成一個套子後，套覆於絲絨上，做為保護。（蔡旭清）

插圖 28　髮辮套上保護用的疏薄絹

插圖 27　20 世紀初 博克多汗后 敦都克拉穆頭飾 蒙古博克多汗冬宮博物館藏

74
嵌珊瑚珠石黑絨髮辮套
清 18世紀
西藏作品

**Black velvet hair cuffs with coral and
pearl inlay**

Qing dynasty, 18th c.
Tibetan work

長84.5公分・寬7.5公分
故雜6153

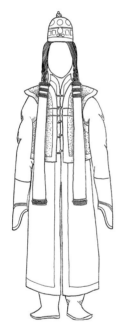

左插圖 29　蒙古族土爾扈特部婦女髮
辮套示意圖　參考蒙古國家博物館　陳
列　廖伯豪繪

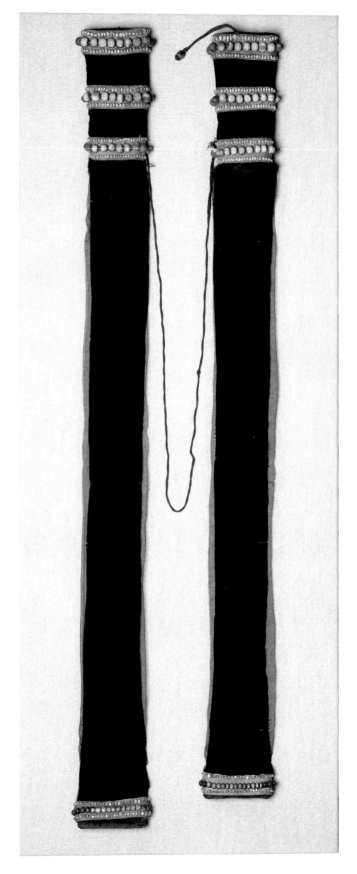

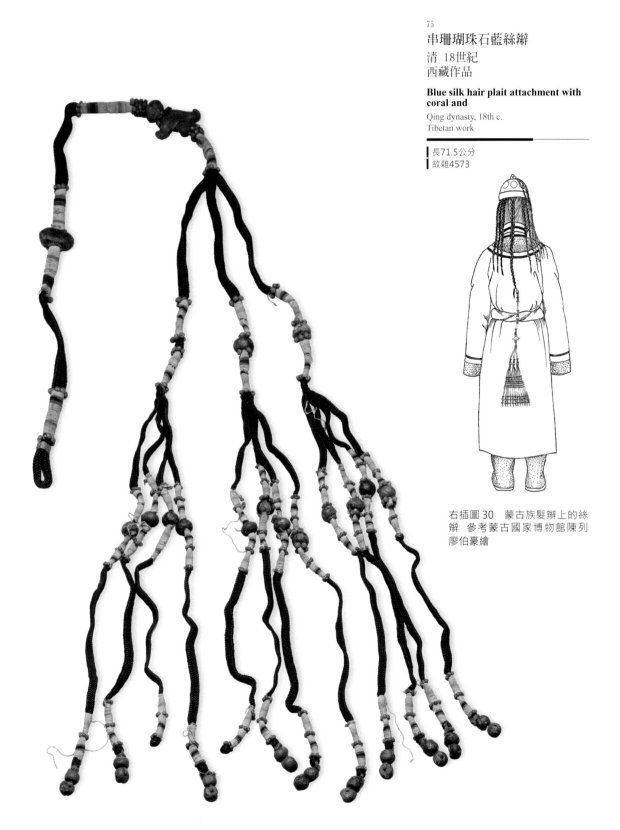

75
串珊瑚珠石藍絲辮
清 18世紀
西藏作品

Blue silk hair plait attachment with coral and

Qing dynasty, 18th c.
Tibetan work

| 長71.5公分
| 故雜4573

右插圖 30　蒙古族髮辮上的絲
辮　參考蒙古國家博物館陳列
廖伯豪繪

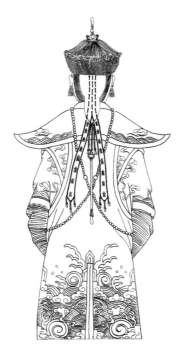

插圖 24　蒙古族髮辮上的絲辮參考蒙古國家博物
館陳列　廖伯豪繪

76
嵌金八寶黑絨帽飾飄帶
清 18世紀
西藏作品

**Black velvet hat ribbons decorated
with the Eight Treasures in gold**
Qing dynasty, 18th c.
Tibetan work

長68.5公分．寬4.0公分
故雜5987

77
嵌珠石紅絨結頂皮帽
清 18世紀
西藏作品

Fur hat with a red velvet finial and inlaid with pearls
Qing dynasty, 18th c.
Tibetan work

帽徑24公分・高18.5公分
故雜2621

78

銀製羅盤星座鼻煙壺
清 18世紀
西藏作品

**Silver snuff bottle with a compass
and celestial-stem design**
Qing dynasty, 18th c.
Tibetan work

高6.8公分・寬5公分
故雜1605

79
銀胎畫琺瑯西方仕女鼻煙壺
清 18世紀
西藏作品

**Silver snuff bottle with a Western
lady in painted enamels**

Qing dynasty, 18th c.
Tibetan work

高6.3公分 · 寬5.2公分
故雜1061

肆、超越國界的珍寶
Treasures Transcending Borders

　　回部位於歐洲和亞洲的交會地帶，多民族多語言：哈薩克、塔吉克、烏茲別克、維吾爾等，同時並存；這裏是絲綢之路必經之地，地中海文化、伊斯蘭文化和印度文化透過商旅貿易，川流不息，無論是人們活動的範圍或是工藝技術的流傳，都超越國家界線的概念，形成多元文化混溶的特質。元朝帝國曾經相連一氣的東、西兩大文明，在清朝統治內陸亞洲時再一次打通，游牧民族精湛的金工、伊斯蘭文化的玉石審美觀，出現在遙遠的紫禁城，為清代的藝術注入新生命力。

The western Muslim regions of China are located at the confluence of Europe and Asia, being home to a diverse group of peoples both ethnically and linguistically, including Kazakhs, Tajiks, Uzbeks, and Uyghurs all co-existing at the same time. Located at a vital point along the Silk Route, it was a place where Mediterranean, Islamic, and Indian cultures converged by means of trade and commerce over an extended period of time. Both the movement of peoples and circulation of their art techniques enjoyed free passage in this region transcending borders, forming a mix of cultures. In the Yuan dynasty, the Mongols were able to connect the great civilizations of East and West, and the Manchu later in the Qing dynasty assumed control over Inner Asia, reopening this passage in the west once more. Consequently, the delicate metal wares of nomadic peoples and the aesthetics of Islamic jades and precious stones appeared as far away as the Forbidden City in Beijing, injecting Qing dynasty art with new vitality.

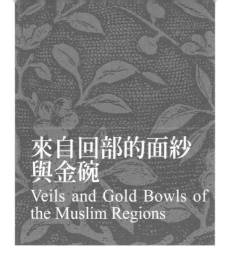

來自回部的面紗與金碗
Veils and Gold Bowls of the Muslim Regions

　　乾隆 49 年哈密札薩克貝勒進呈金碗一件，札薩克爲當地世襲的貴族，由朝廷授予爵位，總管一旗的軍事、政治、司法和稅收等事務。根據《清內務府造辦處成做活計清檔》的記錄，乾隆 49 年 12 月 17 日哈密札薩克郡王品級貝勒呈進青玉靶鍾二件和金碗一件，傳旨將金碗坑凹不平處收拾，並著添配金裡，在碗底上刻款，交乾清宮，　存放在東暖閣內。

插圖 32　金碗 局部　清 18 世紀 回部作品　國立故宮博物院 藏

這件金碗以金絲界定出紋飾的輪廓，紋飾外則以一顆顆金珠塡滿，十分炫目。紋飾以捲草紋爲主調，兩片對生的捲葉和一簡化的草花心組成一小單元，（插圖 33）下方爲捲曲的小葉和花莖其樣式和展品〈蕾絲樁伯爾提面紗〉上緣的捲葉紋有近似之處（詳後敍）。然而，仔細觀察紋飾，連結單元的枝幹斷續而隨意，不容易掌握藤蔓生長的脈絡。最特別的是，突然出現的一個石榴狀的果實，和枝葉的連結微弱，果實內陰刻捲葉與草花心的裝飾元素，然其刻線或輕或重，極不穩定，構圖亦傾斜，令人懷疑其出現的偶然性或未經設計。這件金碗裝飾文樣的線條流暢，枝葉纏繞，乍看之下，具有中亞植物文樣的趣味，細究之則完全不同，疑爲回部發展出的區域性風格。

插圖 33　金碗 局部　清 18 世紀 回部作品　國立故宮博物院 藏

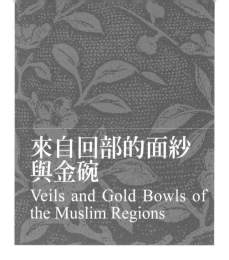

來自回部的面紗
與金碗
Veils and Gold Bowls of
the Muslim Regions

　　展品中的這件〈蕾絲椿伯爾提面紗〉是塔吉克婦女結婚時的用品，該族分布在阿富汗、巴基斯坦和現在新疆一帶，大多信仰伊斯蘭教。這件白色蕾絲面紗，由於使用及時間的因素，已有變黃的痕跡，蕾絲是以方格形為基底，再在空方形格內加上絲線，拼出幾何形的圖案，面紗最外圍滾著紅邊。(插圖 34) 新娘頭上戴著圓頂小帽，帽後垂著一塊布簾，蓋住雙耳和後腦，帽外再披上紅色大方巾，面紗則繫在額頭上，遮住臉，透過蕾絲，隱約可看見外面的情形。

　　塔吉克婦女擅長編織和刺繡，這件蕾絲織法特殊，是 18 世紀留存的少數例子，乾隆 45 年由英吉沙爾的阿奇木伯克所呈進。 阿奇木伯克是回部各伯克中官階最高者，總管一城之穆斯林事務。「椿伯爾提」，清宮或稱其為春伯爾、椿伯爾提，是維吾爾語的「chümpel; chümberde; chümbet」漢字譯音，面紗或面罩之意， 乾隆 45 年 1 月清高宗曾將此件做樣，交蘇州織造照樣織做，對宮廷來說這應該是一種特別而少見的織品。

　　面紗的上緣襯厚紙加固，兩面分別為金絲線繡捲草紋紅絨帶，另一面則是絲線繡花卉藍布帶，是中亞常見的刺繡手法與文樣。面紗兩端有四組繫帶，兩組為紅棉線飾銀絲線結子，另兩組為金絲線飾珍珠結子、金嵌寶石線墜子，後者的金飾件以金珠組合出幾何紋，上嵌紅、綠寶石，

非常具有伊斯蘭風格和〈金碗〉的風格接近。這件面紗來自英吉沙爾，一個附屬於喀什噶爾的城市，喀什噶爾是天山南路重要的城市，古代絲綢之路北中南三線在中國西端的匯集地，中亞各地往來貿易十分發達，而這件面紗正忠實的反映了絲綢之路上同時併現的多元混搭風貌。

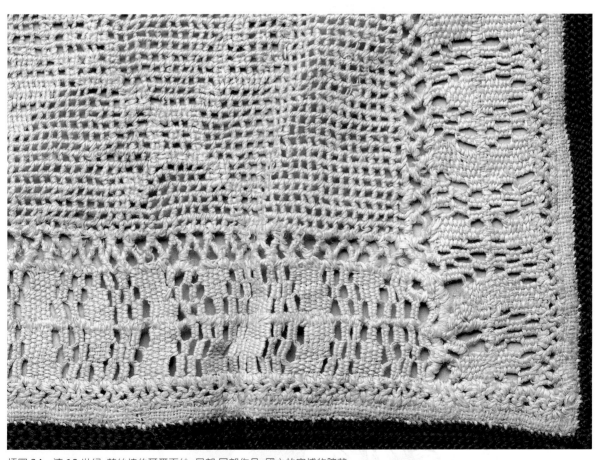

插圖 34　清 18 世紀　蕾絲椿伯耳爾面紗　局部　回部作品　國立故宮博物院藏

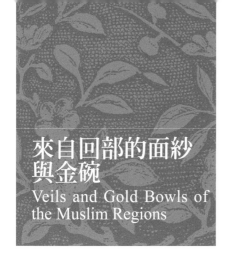

來自回部的面紗與金碗
Veils and Gold Bowls of the Muslim Regions

面紗編織工藝

這件面紗可能是結合多種技法組成的蕾絲工藝。面紗由內而外分為二大區塊，中央內部為主要的方形格狀與菱形鎖鏈幾何紋組成，外飾圖案為橢圓幾何紋的寬帶鑲邊，二者之間環繞一圈斜網交錯細帶，最外圍為紅色平織帶收邊。（插圖 34）

中央的四方格形組織完整而牢固，可能由以下其中一種工法編織成形：一是四方形整體皆由單針穿單紗線繞編而成，此工法利用針線穿梭時產生的連續扣眼，編織成循環且重複式的網狀結構，在繞線編織時加入如同刺繡般的設計圖案求以變化。

另一種可能的工法，是先編或織成一個紗網，再使用紗線穿針，將其中紗網的經緯線，根據花紋圖案的需求，如刺繡方法纏繞紗繡，以線

插圖 35　蕾絲春伯爾提面紗 局部 清 18 世紀 回部作品 國立故宮博物院藏

繡滿整個紗網，但此法編織而成的織品，網狀結構的尺寸比前一方法稍大，刺繡出的圖案相對針距更爲細緻。按工藝的地域性發展與此件編織網目呈現的樣貌來說，前一方法較爲可能，但若從蕾絲工藝的組合複雜度來說，兩種便都可推說。

方形四周外環的橢圓幾何紋寬帶，應另結合了編結、針織、平織等技法巧妙搭配完成。紗線多重技法的結合並交錯使用，是蕾絲工藝常有的手法，也是蕾絲表現如此豐富的基本原理。

面紗上緣的正面飾以紅地絲絨金線繡的手法，（插圖 36）不論是在紅底上搭配金色的配色法或是重複連續的捲葉紋與幾何紋造型，以及以金線刺繡的工藝形式表現，都常見於東歐或土耳其等地區的織品。面紗上緣的背面是在藍絲地花朵刺繡布料，（插圖 35）藍色面料的織造方式及花朵紋刺繡，二者亦多爲亞歐交會地域的織品工藝特色。（蔡旭清）

插圖 36　蕾絲春伯爾提面紗 局部 清 18 世紀 回部作品 國立故宮博物院藏

插圖 37　絲綢之路路線圖　林珮菱繪

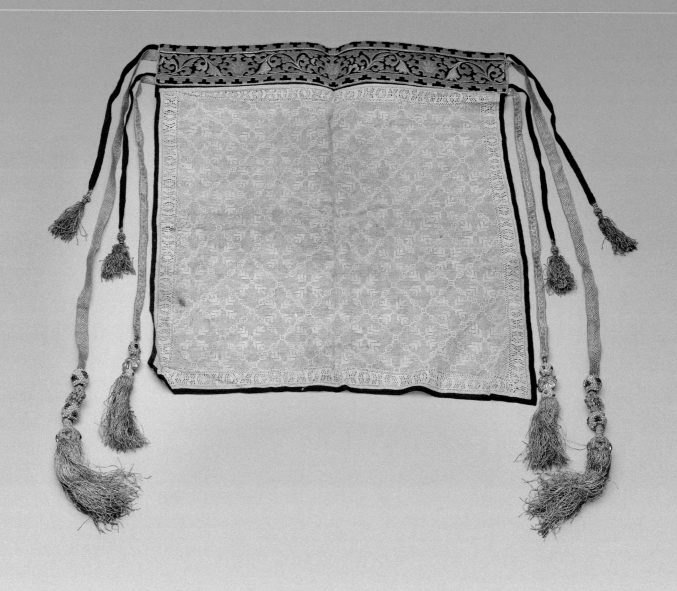

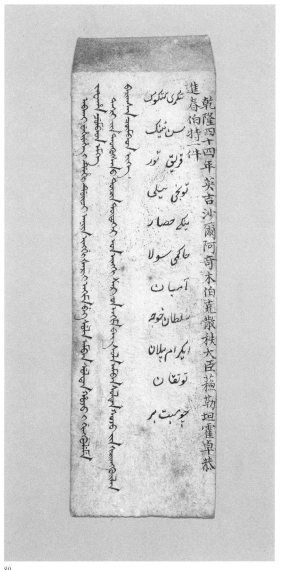

80

蕾絲樁伯爾提面紗
乾隆44年英吉沙爾阿奇木伯克呈進
清 18世紀
回部作品

Lace veil with tassels
Presented by Achimu Baig of Yengisar to the Qing
court in 1779
Qing dynasty, 18th c.
Work of the Muslim regions

長43.5公分．寬49.3公分
故雜587

81
穿金絹珠石紫線穗一副
清 18世紀
回部作品

Pair of threaded silk purple tassel ornaments with gold and pearls
Qing dynasty, 18th c.
Work of the Muslim regions

長136公分金・托寬3.0公分
故雜4570

82

穿金緝珠石綠線穗一副

清　18世紀
回部作品

**Pair of threaded silk green tassel
ornaments with gold and pearls**

Qing dynasty, 18th c.
Work of the Muslim regions

長112公分
故雜6041

來自回部的面紗與金碗

Veils and Gold Bowls of the Muslim Regions

83
穿金鑲珊瑚松石五色線穗一副
清 18世紀
回部作品

**Pair of colored thread tassel ornaments
with gold and gem beads**
Qing dynasty, 18th c.
Work of the Muslim regions

長150公分
故雜4452

84

穿金緝珠石紫線穗一副
清 18世紀
回部作品

**Pair of threaded silk purple tassel
ornaments with gold and pearls**

Qing dynasty, 18th c.
Work of the Muslim regions

一條長44公分另一條長47公分
故雜6232

85
穿金鑲珊瑚松石綠線墜一副

清 18世紀
回部作品

**Pair of threaded silk-green tassel ornaments with gold
and coral**

Qing dynasty, 18th c.
Work of the Muslim regions

| 長111公分
| 故雜6169

86
金碗　附皮盒
乾隆御用款
乾隆45年哈密札薩克呈進
清　18世紀
回部作品

Gold bowl with a leather case
Mark for the personal use of the Qianlong emperor (r. 1736-1795)
Presented by Jasakh of Hami to the Qing court in 1780
Qing dynasty, 18th c.
Work of the Muslim regions

高7.4公分・徑14.8公分
故雜1241

87
金鑲米珠回鈕　一組4個
清　18-19世紀
回部作品

Set of four gold overlay buttons inlaid with seed pearls

Qing dynasty, 18th-19th c.
Work of the Muslim regions

長6.9公分 · 徑5.2公分
故雜4786-4789

88
金鑲米珠回鈕　一組4個
清　18-19世紀
回部作品

Set of four gold overlay buttons inlaid with seed pearls
Qing dynasty, 18th-19th c.
Work of the Muslim regions

| 長7.6公分・徑4.5公分
| 故雜4796-4799

來自回部的面紗與金碗

Veils and Gold Bowls of the Muslim Regions

89

緝米珠嵌寶石回鈕 一組4個
清 18-19世紀
回部作品

Set of four seed-pearl sewn buttons inlaid with gems
Qing dynasty, 18th-19th c.
Work of the Muslim regions

長7.1公分‧徑4.0公分
故雜4497

90
金鑲米珠回鈕　一組4個
清　18-19世紀
回部作品

Set of four gold overlay buttons with seed pearls
Qing dynasty, 18th-19th c.
Work of the Muslim regions

長7.1公分・徑4.0公分
故雜4792-4795

91
玉鑲金嵌寶石鈕　一組4個
清　18-19世紀
回部作品

Set of four jadeite buttons inlaid with gold and gems
Qing dynasty, 18th-19th c.
Work of the Muslim regions

長5.3公分・徑3.3公分
故雜8446-8449

92
玉蓋罐　附茶地花朵紋印染回子布套
18世紀
布套：印度織品
玉蓋罐：中亞作品

Jade lidded jar and a brown wrapper with a dyed floral pattern

18th c
Wrapper: Indian textile
Jar: Central Asian work

▌玉蓋罐高10.7公分・布套徑32公分
▌故玉1358

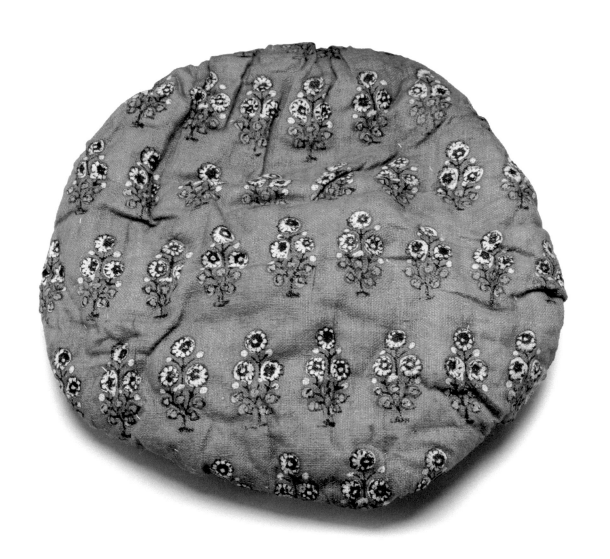

93
玉葉形盒附白地花葉紋印染回子布套
18世紀
布套：印度織品
玉盒：印度作品

Leaf-shaped jade box and a white wrapper with a dyed floral pattern

18th c
Wrapper: Indian textile
Jade box: Indian work

玉葉形盒長13.7公分・布套徑32公分
故玉1378

94

玉雙柄碗　附紅地花葉紋平織回子布套

18世紀
印度織品

**Two-handled jade bowl and a red plain-woven
wrapper with a fuchsia floral pattern**

18th c.
Indian textile

布套徑35公分
故玉1369

95
玉碗　附白地花卉刺繡回子布套
清　18世紀
或爲回部作品

**Jade bowl and a white embroidered wrapper
with a floral pattern**

Qing dynasty, 18th c
Probably a work of the Muslim regions

玉碗口徑11.3公分・布套徑28公分
故玉1386

96
玉盤　附紅地花卉紋平織回子布套
清　18世紀
或爲回部作品

**Jade dish and a red plain-woven wrapper
with a fuchsia floral pattern**

Qing dynasty, 18th c
Probably a work of the Muslim regions

玉盤徑16.8公分‧布套徑38公分
故玉1388

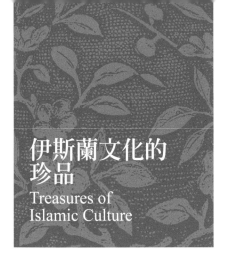

伊斯蘭文化的珍品
Treasures of Islamic Culture

　　這件清代記錄為〈包金嵌珠石帽花〉的美麗飾件，具有明顯伊斯蘭文化的色彩。一片片細長的金葉自中心柱向外伸展，末端作細葉狀嵌珠，造型令人聯想起鄂圖曼土耳其帝國（1299-1923）和蒙兀兒帝國（1526-1857）17、18 世紀以後，帝王頭巾上裝飾著一叢叢向上挺立的羽狀飾。同時，帽花中心柱的柱身上鑲嵌著排列成菱格狀的紅、綠寶石，杯狀柱底上也裝飾著寶石與珠飾，不論寶石的色澤或是鑲嵌串飾的工藝手法以及整體華麗眩目的美感，都和蒙兀兒帝國 18、19 世紀的藝術風格有如出一轍之感。（插圖 38）帽花頂部的粉紅碧璽，色澤透亮尺寸大，十分醒目，其切割面上刻著流暢的文字，（插圖 39）蒙兀兒帝國的碧璽上也常刻著使用者的名字，這件帽花上刻著阿拉伯語，「في شعل الح」，解讀成「在 / 熱情 / 他倆停留」，也就是「永浴愛河」的意思。

插圖 38　包金嵌珠石帽花　局部　清 18 世紀　回部作品　國立故宮博物院藏

同時展出的另一件〈金嵌珠石帽花〉，木盒上寫著「金玉吉爾哈」，「吉爾哈」可能是波斯語 jigha 的音譯，指印度和伊斯蘭王室、貴族頭巾上佩戴的羽毛狀頭飾。這種羽狀頭飾是以單片羽毛為外形，多作花卉文樣，採中軸對稱的安排佈局，以金嵌寶石鏤空工藝製成。（插圖 41）展出的這件頭飾，羽軸的根部以玉作管狀，中心部份為一圓形花卉，羽片部位兩側並排著一顆顆由大漸小的圓形寶石，末端以偏向一側垂掛而下的單顆寶石收尾，最特別的是在這片羽毛的背後又襯著兩隻長長的金冠羽，（插圖 42）可以戴在的正面或側面，也可以和前面〈包金嵌珠石帽花〉一起佩戴（插圖 45）。原本屬於貴族使用的羽狀頭飾在 18、19 世紀以後發展出更多的變化，樣式繁複或變形的設計，使頭飾純以追求華麗為目的，脫離了原來作為身份象徵的意義體系。

插圖 39　包金嵌珠石帽花　局部　清 18 世紀　回部作品　國立故宮博物院藏

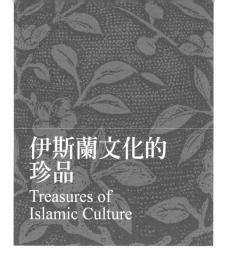

伊斯蘭文化的
珍品
Treasures of
Islamic Culture

　　這件帽花在《故宮物品點查報告》上的註記，
寫著「乾隆 35 年喀什噶爾進貢」，這些伊斯蘭風
格的頭飾可能都是由回部貢入，和院藏豐富的伊斯
蘭風格玉器有著相同的來源。清代的回部是指天山
南路塔里木盆地一帶，並包含今阿富汗、吉爾吉
斯坦的一部分地區，與安集延（Andijon）、浩罕
（Khokand）、納曼干（Namangan）等信奉伊斯
蘭教的地區關係密切，十九世紀初浩罕商人掌握天
山南、北路與中亞的進出口貿易，在喀什噶爾的城
市內還有一區「安集延」，來自中亞各地的物品，
琳瑯滿目。

　　回部位於歐亞交會地帶，中亞一帶寶石礦產豐
富，商業來往熱絡，各地精萃滙集，此區自古擅長
金屬工藝的製作，因此發展出特有的風格。澄黃的
黃金嵌飾紅、綠剔透的寶石，以金珠為地紋，一叢
叢金絲絲長葉，似虛若實佔有視覺空間，璀璨奪目。
相較於宮廷中以金纍絲為主，間飾紅色寶石、珍珠，
含蓄端莊的美感，大異其趣。透過回部引進的新視
覺經驗，刺激清代宮廷，開創出禮儀服飾的新風華。
如展品中的宮廷用朝珠和朝服就是最好的說明。
（插圖 43、插圖 44）

插圖 40　金嵌珠石帽花 局部 清 十八世紀 回部作
品 國立故宮博物院藏

插圖 41　蒙兀兒帝國金嵌寶石頭飾　北印度，18 世紀
© Victoria and Albert Museum, London

插圖 42　金嵌珠石帽花　背面 局部 清 18 世紀 回部
作品 國立故宮博物院 藏

插圖 43　金嵌寶石牙籤盒朝帶 局部 清 18-19 世紀 國
立故宮博物院藏

插圖 44　清金嵌寶石朝珠局部 18-19 世紀
國立故宮博物館藏

97
金嵌珠石帽花
乾隆35年喀什噶爾呈進
清 18世紀
回部作品

Gold aigrette with pearl and gem inlay
Presented to the Qing court from Kashagar in 1770
Qing dynasty, 18th c.
Work of the Muslim regions

長39公分 · 寬4.5公分
故雜588

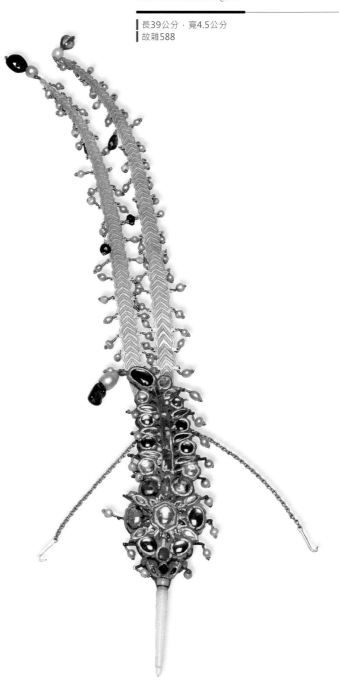

插圖 45　金嵌珠石帽花插戴示意圖　參考蒙兀兒
帝國國王 Bahadur Shah II　畫像　廖伯豪繪

98
包金嵌珠石帽花
清 19世紀初
回部或蒙兀兒帝國作品

Gold overlay aigrette with pearl and gem inlay
Qing dynasty, early 19th c.
Work of the Muslim regions or the Mughal Empire

長25.3公分‧寬3.8公分
故雜4778

99

包金嵌珠石帽花
清 19世紀初
回部或蒙兀兒帝國作品

Gold overlay aigrette with pearl and gem inlay
Qing dynasty, early 19th c.
Work of the Muslim regions or the Mughal Empire

全高34公分・座徑4.8公分
故雜8439

100

包金嵌珠石帽花

清19世紀初
回部作品

Gold overlay aigrette with pearl and gem inlay

Qing dynasty, early 19th c.
Work of the Muslim regions

長36.0公分 · 寬5.2公分
故雜4800

101
玉嵌寶石柄短劍
18-19世紀
鄂圖曼土耳其帝國

Jade dagger with gem-inlaid hilt
18th-19th c.
Work of the Ottoman Empire

長40公分．寬5.5公分
故雜001178

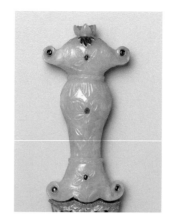

玉花卉紋碗
18世紀
鄂圖曼帝國

Jade bowl with floral decoration
18th c.
Work of the Ottoman

徑11.8公分 · 高4.1公分
故玉3823

插刀　附刀鞘
18-19世紀
印度

Dagger with sheath
18th-19th c.
Indian work

全長54公分 · 寬9.7公分
故雜1180

104
玉鏤空花卉紋銀裏碗
18世紀
印度

Silver bowl with jade openwork of floral decoration
18th c.
Indian work

高13.0公分・徑18.7公分
故玉1852

105
金嵌寶石朝珠
清 18-19世紀
清宮作品

Court necklace of gold beads with gemstones
Qing dynasty, 18th-19th c.
Qing court work

高13.0公分・徑18.7公分
故雜3383

106
金嵌寶石帶頭朝帶
清 18-19世紀
清宮作品

Gold court girdle with ribbons and gems
Qing dynasty, 18th-19th c.
Qing court work

腰帶長155.5公分・寬2.4公分
故雜7336

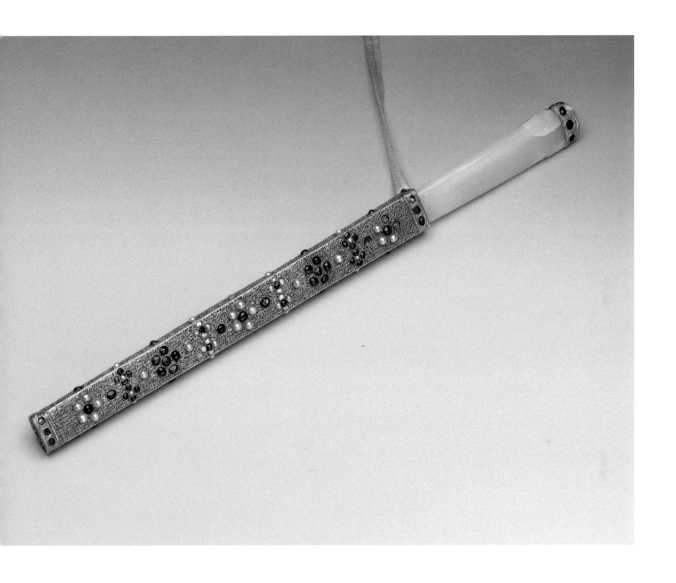

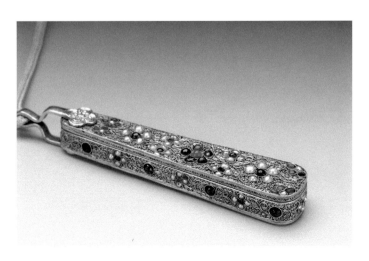

引用書目

Abudl Wahid Radhu, "Tibetan Caravans, in Henry, ed. *Islam in Tibet, Kentucky*: Fons Vitae, 1997.

Bat-Erdene Dashdembered etc. ed., *Masterpieces of Bogd Khaan's Palace Museum,* Ulaanbaatar: "Sunny Mongolia today"Magazine, 2011.

George Michell, Mumtaz Currim, *The majesty of Mughal decoration: the art and architecture of Islamic India,* Thames & Hudson, 2007.

John Clarke, *Jewellery of Tibet and the Himalayas*, New Delhi: Timeless Books, V&A Publications, 2004.

Linda Komaroff, *Gifts of the Sultan: The Arts of Giving at the Islamic Courts,* Los Angeles County Museum of Art, 2011.

Pedro de Moura Carvalho, *Gems and jewels of Mughal India: jewelled and enamelled objects from the 16th to 20th centuries,* London: Nour Foundation, 2010.

（宋）洪皓，《松漠紀聞》，收入宋元筆記小說大觀，上海：上海古籍出版社，2001。

（明）宋濂，《遵生八牋》，北京：中華書局，2013。

（清）徐珂，《清稗類鈔》，北京：中華書局，2010。。

失譯人附東晉錄，《佛說木槵子經》，大正新脩大正藏經，Vol. 17, No. 786。

中國第一歷史檔案館藏，《內務府造辦處各作成做活計清檔》，雍正朝、乾隆朝，收入中國第一歷史檔案館、香港中文大學文物館合編，《清宮內務府造辦處檔案總匯》，北京：人民出版社，2005。

清高宗，《御製詩集‧四集》，景印文淵閣四庫全書，台北：商務印書館，1986。

清室善後委員會，《故宮物品點查報告》，北京：線裝書局，2004。

万果主編，《E 眼藏地行》卷七，藏族傳統民間手工藝。新華文軒出版傳媒股份有限公司、四川數字出版傳媒有限公司出版，2007。

王明珂，《游牧者的抉擇：面對漢帝國的北亞游牧部族》，台北：中央研究院、聯經出版社，2009。

佐口透著，章瑩譯，《新疆民族史研究》，烏魯木齊：新疆人民出版社，1994。

余玉琦，《乾隆宮廷白鷹圖研究》，國立臺灣大學文學院藝術史研究所碩士論文，2012 年。

林柏亭、張華芝編，《畫馬名品特展圖錄》台北：故宮，1990。

Reference

芮樂偉‧韓森（Valerie Hansen）著，李志鴻等譯，《絲路新史：一個已經逝去但曾經兼容並蓄的世界》，台北：麥田出版社，2015。

徐啟憲主編，《宮廷珍寶》，故宮博物院藏文物珍品全集，香港：商務印書館，2004。

茲拉特金伊‧亞 (Zlatkin, I. I͡A)，《準噶爾汗國史》，蘭州：蘭州大學出版社，2013。

貢納爾‧雅林著，崔延虎、郭穎杰譯，《重返喀什噶爾》，新疆人民出版社，2010。

馬汝珩、馬大正，《清代的边疆政策》，北京：中国社会科学出版社，1994。

馬汝珩、馬大正，《漂落異域的民族－ 17-18 世紀的土爾扈特蒙古》，北京：中國社會科學出版社，1991。

潘志平，《中亞浩罕國與清代新疆》，北京：中國社會科學院，1991。

蔡玫芬，《皇權與佛法：藏傳佛教法器特展圖錄》，臺北：故宮博物院，1999。

鄧淑蘋，《國色天香：伊斯蘭玉器特展圖錄》，臺北：國立故宮博物院，2007

賴惠敏，《乾隆皇帝的荷包》，中研院近史所，2014。

楊莒妤，〈伊斯蘭化藏胞研究〉，行政院及所屬各機關出國報告，蒙藏委員會，2001。

林莉娜，〈清郎世寧畫愛烏罕四駿〉，何傳馨主編，《神筆丹青：郎世寧來華三百年特展》，台北：故宮，2015。

高振環，〈樺皮廠：遠去的歷史風景〉《吉林日報》2016 年 3 月 3 日第 10 版。

楊勇，〈篤慕永思用昭世守—故宮收藏的御賜品〉，《文物》2013 年 7 期。

賴惠敏，〈清乾隆時期的雍和宮：一個經濟文化層面的考察〉，《故宮學術季刊》23 卷 4 期，2006 年，頁 131-164。

范久輝，〈光芒的紋路‧錯那門巴木碗〉，《西藏人文地理雜誌》，2017 年 2 月 18 日瀏覽。http://zhuanlan.lotour.com/78/。

感謝國立政治大學民族學系張中復教授，協助解讀圖版 80「椿伯爾提」及圖版 98 的阿拉伯文。

感謝蒙古國家博物館，協助提供圖版 74 髮辮套及圖版 75 絲辮的相關資料。

國家圖書館出版品預行編目資料

貴貴琳瑯游牧人 : 院藏清代蒙回藏文物特展 / 陳慧

　霞文字撰述 . 主編 . -- 初版 . -- 臺北市 : 故宮 ,

　民 106.03

　　面 ；　公分

　ISBN 978-957-562-786-7(平裝)

1. 書法 2. 古器物 3. 博物館特展

943.6　　　　　　　　　　　　106004178

貴貴琳瑯 游牧人

院藏清代蒙回藏 文物特展

Splendid Accessories of Nomadic Peoples: Mongolian, Muslim, and
Tibetan Artifacts of the Qing Dynasty from the Museum Collection

發 行 人　林正儀
主　　編　陳慧霞
文字撰述　陳慧霞
執行編輯　謝鎮鴻
英文翻譯　Donald Brix〔蒲思棠〕
攝　　影　林恬伶

出 版 者　國立故宮博物院
　　　　　地址：11143臺北市士林區至善路二段221號
　　　　　電話：02-2881-2021、02-6610-3600
　　　　　傳眞：02-2882-1440
印刷設計　四海電子彩色製版股份有限公司
　　　　　地址：105臺北市松山區光復南路35號5樓之1
　　　　　電話：02-2761-8117
　　　　　傳眞：02-2761-9034

總 代 理　國立故宮博物院故宮文物藝術發展基金
　　　　　專線：02-2883-6887
　　　　　地址：11143臺北市士林區至善路二段221號
　　　　　郵政劃撥：19606198號
　　　　　電子信箱：service@npmeshop.com

出版日期　中華民國106年3月初版一刷
定　　價　新臺幣800元

GPN　1010600425
ISBN　978-957-562-786-7
版權所有　翻印必究